Sabine Asgodom

DAS LEBEN IST ZU KURZ FÜR KNÄCKEBROT

Selbstbewusst in allen Kleidergrößen

Mit Cartoons von
Peter Gaymann

Kösel

Verlagsgruppe Random House FSC-DEU-0100
Das für dieses Buch verwendete FSC®-zertifizierte Papier
Classic 95 liefert Stora Enso, Finnland.

Copyright © 2010 Kösel-Verlag, München,
in der Verlagsgruppe Random House GmbH
Umschlag: Monika Neuser, München
Umschlagmotiv: mauritius-images, alexander kupka
© Illustrationen im Innenteil: Alle Einzelabdruckrechte aus diesem Buch bei
www. cartoon-concept. de
Druck und Bindung: GGP Media GmbH, Pößneck
Printed in Germany
ISBN 978-3-466-30896-5

www.koesel.de

INHALT

Einleitung 9
   Dicksein ist kein Charakterfehler   13

Dick ist das neue Dünn 23
   Ich bin dick, glücklich und erfolgreich!   25
   Nie wieder fürs Gewicht entschuldigen   29
   Der Hungerhaken-Trend wandelt sich   35

Dick oder zu dick? 41
   Niemand hat das Recht, Dicke zu beleidigen   44

Das Ende einer 25-jährigen Diät-Karriere   48
   Abnehmen ohne hungern – wer's glaubt   51

Warum werden wir überhaupt dick? ... 60
   Dicke Menschen sind dick, aber nicht doof   60
   Gehören Sie zum Stamm der Genussesser?   62

Die fünf »T«, warum wir dick werden .. 68
   Talent: Die Lizenz zum Essen   68
   Der Mythos vom Vielfraß   71
   Die Macht der Schokoladenkekse   78
   Gibt es ein Fett-Virus?   82

Trotz: Ihr wollt mich dünn? Pah!	84
Wer mich dünn haben will, ist mein Feind!	85
Die Geschichte vom trotzigen Bienchen	86
Wie ein dickes Mädchen sich mächtig fühlte	88
Von der Barbiepuppe zur Trotzgurke	98
Wenn es anders wäre …	101
Trance: Die Macht der Gewohnheiten	105
Ein schlechtes Gewissen macht dick	111
»Dicke Freunde machen dick, aber glücklich!«	114
Turbulenzen: Was Stress mit uns macht	117
Essen gegen Ärger	121
Was der Säbelzahntiger mit unserer Figur zu tun hat	126
Experten machen dick!	128
Traurigkeit: Ich hab doch alles versucht	131
Die Geschichte vom Suppenkasper	137
Lebensfülle statt Diäten: Lösungen für ein leichteres Leben	145
Neun Thesen zum Thema »Die Würde der Dicken ist unantastbar«	147

Die fünf »L« der Lösungen

	150
Liebe: Sich mögen lernen	157
Verändern Sie den Fokus auf Ihr Leben	166
Die Kunst, auf mich zu achten	169
Lust: Erkennen, was wirklich wichtig ist	175
Warum ich gerne dick bin	178
Rituale für das neue normale Leben	179
Erkennen, was uns ärgerlich macht	184
Schluss mit dem Schaufenster-Leben	189
Ballast abwerfen: Sich nicht alles gefallen lassen	192
Wir brauchen selbstbewusste, starke Frauen	195
Die vier Formen des Glücks	198

Leichtigkeit: Das Leben genießen   202
    Platz schaffen – Raum einnehmen   204
    Kraft entwickeln – Muskeln aufbauen   205
    Schwung – Begeisterung entwickeln   210
    Mut – Grenzen überwinden   213

Laben: Essen mit Gelassenheit   218
    Achtsamkeit: Bewusst machen, was wir essen   220
    Balance: Das rechte Maß finden   221
    Dankbarkeit: Schöne Einstimmung   223
    Ehrlichkeit: Sie kennen sich doch   225
    Einfachheit: Eigene Regeln aufstellen   228
    Geduld: Lässig cool chillen   229
    Großzügigkeit: Kosmetik von innen   230
    Hingabe: Kochen oder kochen lassen   234
    Humor: Ein ernstes Thema   235
    Klugheit: Den Körper erforschen   236
    Mut: Besserwissern den Mund stopfen   238
    Vertrauen: Auf unser Gefühl verlassen   240

Lachen: Gehen Sie hinaus und strahlen Sie   242

Dank   247

Anmerkungen   249

Literatur   251

EINLEITUNG

Eigentlich wollte ich ein Buch für dicke Frauen schreiben. Richtig dicke Frauen. Frauen wie mich. Frauen, die nach dem Kauf eines Kleidungsstücks in XL oder XXL als Erstes das Schildchen mit der Größe rausschneiden (was, das machen Sie bei Größe 40 auch?). Frauen, die nicht gerne schwimmen oder joggen gehen, da sie die Blicke der anderen fürchten. Frauen, die alle Diäten des Orients und Okzidents ausprobiert haben und immer nur dicker geworden sind. Frauen mit Übergewicht eben.

Dann habe ich Seminarteilnehmerinnen und Kundinnen von diesem Buch erzählt. Dünnen, molligen, runden, großen, kleinen, kurvigen, dicken, hageren, starken, vollbusigen, kleinbusigen, dickbäuchigen, Röllchen-tragenden, sportlichen, kräftigen. Ich habe erwähnt, dass es darin um Selbstbewusstsein für dicke Frauen geht. Und alle (in Worten »alle«) Frauen haben gesagt: »Au ja, wann kommt das Buch raus? Das brauche ich!« Und ich habe noch einmal gesagt: »Das wird ein Buch für dicke Frauen!« Und sie haben gesagt: »Ja, super, ich muss auch ein paar Kilo abnehmen.« Und ich habe gedacht: »Spinne ich?« Und dann: »Spinnen die?«

Daraufhin habe ich im Internet auf Twitter eine Umfrage gestartet: »Was glauben Sie – wie viele Frauen fühlen sich zu dick?« Die Antworten haben mich umgehauen.

Hier eine kleine Auswahl der Mutmaßungen meiner Tweet-Bekannten:

»Ich kenne eigentlich nur eine, die sich nicht als zu dick bezeichnet. Traurig.« *verbesseRunge*
»99 Prozent?« *Astrid13*
»99 Prozent derer, die Frauenzeitschriften lesen, würde ich sagen.« *Tanteschmitt*
»Ich schätze, 90 Prozent meiner schönen und fantastischen Frauen bezeichnen sich als zu dick – obwohl sie es nicht sind.« *villarrasa*
»Alle außer mir. Ich bin nämlich manchmal zu dünn.« *Quiete_something*
»Ich denke, dass sich über 80 Prozent der Frauen als zu dick bezeichnen, aber gleichzeitig das Gewicht nach unten schummeln.« *Goldlamm*
»Ich befürchte, dies dürften über 50 Prozent sein?« *RainerKrumm*
»Die meisten finden sich zu dick. Da kann ich mich nur wundern.« *Pgerike*
»Ich schätze, 80 Prozent; gehöre auch dazu, macht aber nix ...« *nokidesign*
»Vermutlich mehr als 90 Prozent. Gott sei Dank lassen wir den Magerwahn auch in den Medien langsam hinter uns. Das ist gut so.« *Linda42a*
»Wie viele? ZU VIELE! Die Frage ist doch, woher die Frauen wissen, dass sie zu dick sind. Wer sagt das? Der Spiegel, die Zeitung, die Gesellschaft?« *Hartig_Coaching*
»Wohl alle Frauen, die Germanys Next Topmodel gucken. Ich glaube, selbst schlanke Frauen ab Größe 38.« *ProCharisma*
»83 Prozent? Super Thema übrigens, auf das Buch freue ich mich.« *Haseltweet*

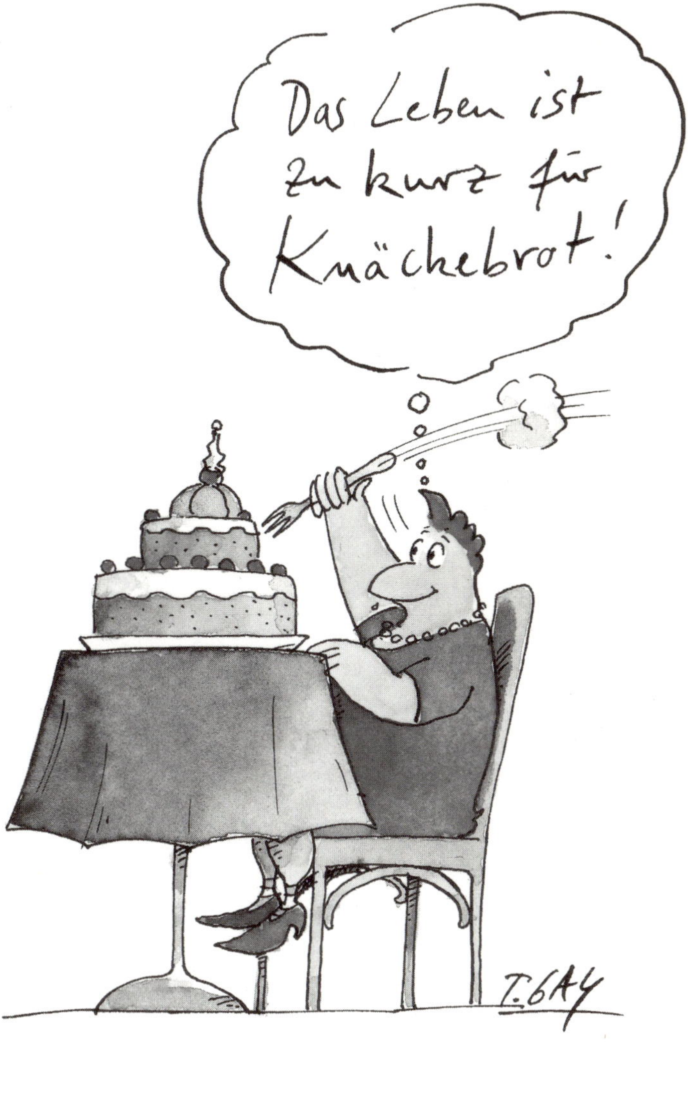
Das Leben ist
zu kurz für
Knäckebrot!
T. GAY

»Es gibt keine zu dicken Frauen. Es gibt nur Männer mit zu kleinen Händen ☺« *Redenstrafferin*

Wenn ich das alles richtig verstehe, heißt das: Wir sind viele. Und zwar »zu viele«. Wie kommen Frauen mit Größe 38 oder 40 dazu, sich selbst als zu dick zu sehen? Warum machen ca. ein Drittel der Frauen in Deutschland ständig Diäten? Was ist los mit dem Selbstbewusstsein von Frauen, die »ganz nebenbei« super begabt und ausgebildet, prima in ihrem Job, tolle Mütter und Ehefrauen, liebevolle Töchter und gute Freundinnen sind? Warum hauen sie sich das Wort »dick« selbst um die Ohren?

Dicksein ist kein vorübergehendes Unwohlsein, keine Anwandlung für einen Tag. Dicksein bestimmt das Lebensgefühl, das Seelenheil, wenn Sie so wollen. Denn: Dicksein wird geächtet, Dicksein gilt als Charakterfehler. Wir können es jeden Tag in der Zeitung lesen: Dicke belasten die Krankenkasse und die Umwelt. Dicke sind eigentlich an allem schuld. Ganz abgesehen mal von der Ästhetik! Zu jedem Sommeranfang mokieren sich irgendwelche Journalisten und auch Journalistinnen in Zeitungen und Zeitschriften darüber, dass jetzt wieder der Anblick fetten Fleisches zu befürchten ist, der ihr Auge beleidigt.

Es ist okay, dick zu sein. So, du bist also dick. Also, sei dick und rede nicht mehr darüber!

ROSEANNE BARR

Dicksein ist kein Charakterfehler
Mein Gott, hört auf damit! Dicksein ist kein Charakterfehler, Dicksein ist kein Zeichen von Stupidität und Labilität. Sehr dick sein ist vielleicht ungesund, aber nicht gefährlich für die anderen! Man stirbt nicht beim Anblick eines entblößten XXL-Oberschenkels. Das gilt für die öffentliche Meinung, aber auch für die Einschätzung von Frauen selbst. Dicksein heißt für viele: hässlich sein, nicht richtig sein, eine Versagerin sein – und das beginnt bei drei Kilo zu viel!

In einem Interview hat mir die Leiterin einer kommerziellen Abnehmgruppe erzählt, dass die dünnen Frauen die dicken in ihrer Gruppe verdrängen: »Die ganz dicken kommen gar nicht mehr, die sind sowieso frustriert. Jetzt kommen die Frauen, die vielleicht drei oder fünf Kilo zu viel haben. Wenn überhaupt, oft glauben sie auch nur, dass sie zu dick sind. Und sie erzählen mir, wie sie mit diszipliniertem Sport, Schwimmen oder Laufen, ihren Körper stählen. Ich bin manchmal fassungslos!«

Vielleicht sollten wir die Bedeutung des Gewichts einmal wieder ins rechte Maß bringen:
› Es gibt Menschen, die können sich selbst motivieren. Und andere können es nicht.
› Es gibt Menschen, die können super Ordnung in ihren Unterlagen halten. Andere können es nicht.
› Es gibt Menschen, die Freude daran haben, jeden Tag joggen zu gehen. Andere können es nicht.
› Es gibt Menschen, die haben einen grünen Daumen für Pflanzen. Andere können es nicht.
› Es gibt Menschen, die sind ehrgeizig und wollen vorankommen. Andere wollen es nicht.
› Es gibt Menschen, die können sich beim Essen disziplinieren. Andere können es nicht.

› Es gibt Menschen, die können Gedichte schreiben. Andere können es nicht.
› Es gibt Menschen, die können schwimmen, radfahren und 84 Kilometer laufen. Andere können es nicht.
› Es gibt Menschen, die können ihren »inneren Schweinehund« bekämpfen. Andere können es nicht.

Niemand würde jemanden beschimpfen, der nicht eislaufen, Ballett tanzen oder dichten kann. Menschen, die nicht bereit oder in der Lage sind, sich dünn zu hungern, werden beschimpft und an den Pranger gestellt. Ihnen wird unterstellt, undiszipliniert, erfolglos und labil zu sein oder wie es in meiner Kindheit hieß: fett, faul und gefräßig.

Mit ein paar Pfund mehr auf den Rippen sehe ich besser aus!

BEYONCÉ, SÄNGERIN

Gestern Abend habe ich durch Zufall eine Sendung auf »Pro7« gesehen, in der die blonde Ansagerin und unbekannte Möchtegern-Models und unattraktive B-, ach was, C-Schauspieler über die Gewichtsprobleme von Schauspielerinnen und Sängerinnen hergezogen sind. Anschließend hat die dünne Moderatorin Ausschnitte aus (vor allem amerikanischen) Talkshows anmoderiert, in denen Dicke aufeinander und aufs Publikum losgelassen wurden. Im alten Rom wurden Sklaven den Löwen zum Fraß vorgeworfen, in manchen Sendungen werden mittlerweile die Dicken als Abschaum vorgeführt. Und das Publikum grölt. In den Reklamepausen dieser «lustigen« Sendung wurde Werbung für Produkte aus den Bereichen Eiscreme, Schokolade, Alkohol und Fastfood gemacht.

Ein Schelm, der Böses dabei denkt. In der Sendung macht man sich über Dicke lustig, und in den Werbepausen werden die Zuschauer angefixt mit lecker, lecker. Das ist kein Zufall, denn alle Mediaplaner überlegen sich die Platzierung von Werbung genau. Die Zuschauer am späten Abend werden offensichtlich als »Genuss-affin« erkannt, die sich aber daran ergötzen, dass sich andere Dicke im Fernsehen zum Affen machen.

Wissen Sie nicht, dass Mangelernährung so was von vorbei ist? Wie können Sie nur so 2006 sein?

MIMI SPENCER

Aber auch in deutschen Hochglanzmagazinen werden Hollywood-Schauspielerinnen öffentlich vorgeführt: Vorher-Nachher-Bilder und der Stempel: 7 Kilo zugenommen, 15 Kilo zugenommen. Und man spürt, wie sich die stark untergewichtige, 1,81 m große Promi-Redakteurin vor Ekel schüttelt (ich habe 25 Jahre lang in den Medien gearbeitet, ich kenne solche). Was für eine Unverschämtheit!

Hallo, das Leben ist zu kurz für Knäckebrot! Ich denke, Sie wissen, wie ich das meine. Das Leben ist zu kurz für Selbstbestrafung, Selbstverachtung und ein Leben im Mangel. Zur Ehrenrettung des Knäckebrots: Ich esse gerne Knäckebrot – aber aus Lust, nicht aus Diätenfrust.

Überhaupt Diäten: Warum sollen Millionen von Frauen ihren Körper nach den Vorstellungen von Medien und Meinungsmachern modellieren? Wir sollten lieber die anprangern, die Frauen mit Kurven das Leben schwer machen: Modedesigner schaffen Kleider ausschließlich für hagere, große Bohnenstangen; Möbeldesigner schaffen Stühle für schmalhüftige Kindfrauen mit kleinem Popo.

Und die deutsche Lufthansa ist nicht in der Lage, die Sitzgurte in der Businessclass so großzügig zu bestellen, dass die geschäftsreisende Rubensfrau sich anschnallen kann, ohne die Flugbegleiter um ein Verlängerungsstück bitten zu müssen.

Das alles macht Frauen, die dick sind, Stress. Und damit ist die Grundlage dafür gelegt, dass sie noch dicker werden. Denn Stress macht dick. Der Volksmund hat das immer schon gewusst und von »Kummerspeck« gesprochen. Und das ist inzwischen wissenschaftlich belegt. Stress, das ist in der Materialforschung die Belastung, die auf etwas wirkt, bis es bricht. Und Stress ist das, was Menschen krank macht – und eben Dicke immer dicker.

Ich weiß, wovon ich schreibe, seit über vierzig Jahren ist Übergewicht mein Thema. Ich habe zig Diäten gemacht, die Folgen des Jojo-Effekts am eigenen Leibe verspürt, und ich habe in jahrelanger Arbeit mit Frauen herausgefunden, was sie dick werden lässt und was ihnen wieder mehr Lebensfreude verschaffen kann.

Dieses Buch wird Ihnen helfen, genau die Kilos abzunehmen, die Sie loswerden wollen. Garantiert! Sie müssen nur bei jeder Heißhungerattacke zu diesem Buch statt zu einer Leberwurststulle oder der Fünferpackung Schokoeis greifen! Im Notfall müssen Sie fest hineinbeißen! Ihr Leben lang! Glauben Sie mir, diese Aussage ist genauso seriös und hilfreich wie alle anderen Diätversprechen, die Sie in den letzten zwanzig Jahren gehört oder gelesen haben.

Im Ernst: Mein Buch will Frauen helfen, sich von ihren »Gewichtsproblemen« endgültig zu verabschieden. Das heißt nicht unbedingt, sich von ihren Pfunden zu trennen, sondern »Schluss mit dem G'schiss ums G'wicht« zu machen (für Nichtbayern: »Ende mit dem Getue um das Gewicht«).

Ich bin ja von Beruf Coach, und ein Prinzip des Coachings ist es, die Menschen Geschichten erzählen zu lassen, damit sie selbst auf die für sie beste Lösung kommen. Da ich nicht jede Einzelne von Ihnen fragen und Geschichten erzählen lassen kann, werde ich Ihnen in diesem Buch viele Geschichten von mir erzählen, die wahrscheinlich auch etwas mit Ihrem Leben zu tun haben. Ich werde Ihnen schildern, welche Schlussfolgerungen ich daraus gezogen habe. Und Sie können die Ihren ziehen. Denn Ihre eigenen Erkenntnisse und Gedanken werden Ihnen helfen, sich aus dem Stress des Dickseins zu befreien.

Absolut Stress lösend und Lachfalten verstärkend sind die zauberhaften Zeichnungen, die Peter Gaymann zu diesem Buch beigesteuert hat. Seine Hühner bringen es einfach auf den Punkt. Ich hoffe, Sie finden ebenso viel Spaß daran wie ich. Meinen absoluten Lieblings-Gaymann finden Sie übrigens auf Seite 34.

Manche Autorinnen (besonders prominente) kokettieren in ihren Büchern mit dem Dicksein. Es ist halt so, Frauen werden sich immer zu dick fühlen, Diäten werden sie für immer begleiten, wenn der Hosenbund kneift, viele lustige Geschichten dazu, das Buch ist systemunterstützend – und die Gewinner am Diätmarkt freuen sich.

Mein Ansatz ist ein anderer, denn: *Kokettieren ist die neckische Seite der Resignation. Resignation heißt: Frauen finden sich damit ab, dass die Waage ihr Lebenscoach ist.*

Sie akzeptieren das Diktat des Schlankseins; sie akzeptieren, dass sie ein besserer Mensch sind, wenn die Waage das »richtige« Gewicht zeigt. Und sie bestrafen sich selbst, wenn sie »gesündigt« haben.

Laut Statistik haben 72 Prozent aller Frauen in Deutschland schon einmal eine Diät gemacht (bei Männern sind es

52 Prozent).[1] 33 Prozent sogar schon mindestens fünf Mal. Das heißt: Zig Millionen Frauen in Deutschland, Österreich und der Schweiz hungern und kasteien sich deswegen, terrorisieren ihre Familien mit Diätgerichten und schlechter Laune, ziehen ihre Kinder in die Diätfalle, mit den Auswirkungen des »Sich-nicht-Mögens« und »Falschseins«. Es entsteht die Selffulfilling-Prophecy-Abwärts-Spirale, von denen die meisten Dicken ein Lied singen können. Was wurde ihnen oft als Kinder gesagt: »Iss nicht so viel, du wirst dick. Du bist dick. Schau mal deinen dicken Hintern an ...«

Untersuchungen beweisen, dass dies der Startschuss zu einer »erfolgreichen« Dicken-Karriere ist. Fast jede Dicke kennt diese Marschmusik im Kopf: »Dick, dick, rumtata, dick, dick ...« Ich kenne sie auch, immer wieder schleicht sie sich in mein Hirn.

Wenn die Natur gewollt hätte, dass unser Knochengerüst sichtbar ist, dann hätte sie es an der Außenseite unseres Körpers angebracht.

ELMER RICE

Ein Beispiel: Wir sind zu einem Fest eingeladen. Mein Mann schaut mich an und sagt: »Du hast dich ja so schick gemacht.« Ohne eine Sekunde nachzudenken lege ich meine Hand auf meinen Bauch und antworte: »Ja, dick wie ich bin.« Und erschrecke. Auch bei mir klappt immer noch ab und zu die innere Abstrafmethode. Wichtiger als alle unsere positiven Eigenschaften, egal ob wir erfolgreich, blitzgescheit, begabt, warmherzig, zupackend und zauberhaft sind, ist für alle vermeintlich dicken Frauen die brutale Erkenntnis: »Ich bin eine Diät-Versagerin.«

Mein Buch soll systemsprengend sein. Es geht darin zwar um das (vermeintliche) Dicksein, aber vor allem geht es um die Kunst, selbstbewusst zu sein – in allen Kleidergrößen, mit 50, 80 oder 130 Kilo! Es geht um den Selbstwert von Frauen, denen ein Kilo mehr oder weniger beim morgendlichen Wiegen nicht mehr die Vitalität raubt, die Stimmung verdirbt, sie in depressive Laune versetzt. Und es soll die Diätfalle zwischen Mutter und Tochter auflösen, damit eine Generation selbstbewusster Mädchen aufwachsen kann, die sich nicht mit fünf schon zu dick fühlen und mit 13 Anorektikerin sind.

In diesem Buch zeige ich auf, warum wir überhaupt dick werden. Und meine Erklärung ist eine andere als die der meisten Ernährungsberaterinnen und Fitness-Coaches. Ich stelle Ihnen die fünf »T« des Dickwerdens vor:

TALENT: Die Lizenz zum Essen
TROTZ: Ihr wollt mich dünn? Pah!
TRANCE: Die Macht der Gewohnheiten
TURBULENZEN: Was Stress mit uns macht
TRAURIGKEIT: Ich habe doch alles versucht

Wissenschaftlich erwiesen ist (nach Prof. Martin Seligman):
> Diäten funktionieren nicht.
> Diäten erhöhen Übergewicht, senken es nicht.
> Diäten können schädlich für die Gesundheit sein.
> Diäten können Essstörungen hervorrufen – Bulimie und Anorexia.

Die wichtigste Erkenntnis: 19 von 20 Studien zum Thema Übergewicht zeigen, dass dicke Menschen nicht mehr essen als dünne. Einer dicken Frau zu sagen, sie könne mit Diät abnehmen, ist eine Lüge: Um abzunehmen und das Gewicht zu halten, muss sie für den Rest ihres Lebens erheblich weniger essen als »Normalgewichtige«. Und ganz unter uns: Ich werde Ihnen verraten, warum das Abnehmen in bestimmten Gruppen genauso sinnvoll ist, wie wenn die Metzgerinnung von Oberschwaben Fett-weg-Seminare macht und anschließend Leberkässemmeln anbietet (dazu später mehr).

*Essen hat Sex
als Quelle der Schuldgefühle abgelöst!*
PSYCHOLOGY TODAY

Dicksein ist so beschämend, weil wir unterstellen, dass jede Dicke verantwortlich für ihr Gewicht ist. Das ist falsch. Jeder Körper hat ein natürliches Gewicht, das sich heftig gegen alle Diäten wehrt. Martin Seligman nennt es den Set-Point. Denn Gewicht ist in weiten Teilen genetisch bedingt.

Fest steht:
> Du kannst mithilfe fast jeder Diät in ein oder zwei Monaten erheblich abnehmen.
> Du wirst innerhalb weniger Jahre fast alles wieder zurückgewinnen.

Aufregen allein bringt nichts, das ist auch mir klar, deshalb habe ich recherchiert, was wir wirklich brauchen, um als Frau, und meinetwegen als dicke Frau, zufrieden und glücklich zu sein. Dazu müssen wir uns als Erstes von einem weiteren großen Irrtum verabschieden: Schlanksein macht nicht automatisch glücklich. Ich kenne genauso viele unzufriedene dünne wie dicke Frauen. Ich werde Ihnen deshalb die fünf »L« wie Lösungen vorstellen. Es sind:

LIEBE: Sich mögen lernen
LUST: Erkennen, was wirklich wichtig ist
LEICHTIGKEIT: Das Leben genießen
LABEN: Essen mit Gelassenheit
LACHEN: Gehen Sie hinaus und strahlen Sie

Sie werden in diesem Buch auch erkennen, Dicksein taugt nicht zur Entschuldigung. Nach dem Motto: Wenn ich schlank wäre, dann wäre ich die strahlende, dünne Schönheit, die in mir steckt, und ...
> hätte den Mann, der mich vergöttert
> den Traumjob, in dem ich glänze
> den Erfolg, der mir zusteht
> die Freunde, die mich schätzen
> die Anerkennung, die ich mir ersehne.

Ich zeige Frauen, dass sie ein erfülltes Leben haben können, egal ob sie dünn oder dick sind. Es kommt auf ihr Selbstwertgefühl an. Ob sie sich mögen oder nicht. Es kommt auf die innere und äußere Haltung an. Wir wissen, dass nicht alle Männer auf Dünne stehen, und wir wissen auch, dass nicht alle dünnen Frauen erfolgreich in ihrem Job sind. Hier noch einmal als Spruch fürs Poesiealbum:

Dünnsein allein macht nicht glücklich!

Oder, wie wir es aus dem Amerikanischen kennen: »Size doesn't matter«. Die Größe zählt nicht. Lebenserfüllung und Lebensfreude sind nicht durch Schlankheitsdiäten zu bekommen. Du kannst dünn und der bezauberndste Mensch der Welt sein, du kannst dick und die schrecklichste Schnepfe sein – und umgekehrt. Das hat nichts mit dick oder dünn zu tun. Ganz nebenbei: Eine glückliche Dicke kann umwerfend ausschauen!

Übrigens: Ich werde Ihnen in diesem Buch neben ganz viel luststeigernden Übungen und Methoden, um Leichtigkeit zu gewinnen, eine faszinierende Marketingstrategie vorstellen, wie Sie den Mann finden, der Sie so liebt, wie Sie sind. Entwickelt von einer Frau, die sich auskennt: eine Top-Managerin, die ganz systematisch an dieses Thema herangeht. Ich möchte in diesem Buch Lust auf Leben machen, die Lust am Essen wiedererwecken, die Lust am eigenen Körper stärken.

MEIN WUNSCH: Das Leben soll dir schmecken!

DICK IST
DAS NEUE DÜNN

Mein Name ist Sabine, und ich bin dick. Ich habe Diäten gemacht, seit ich 13 Jahre alt war. Ich habe in dieser Zeit mehrmals mein eigenes Gewicht abgehungert. Und es doppelt zurückbekommen. Nach der Recherche zu diesem Buch ist mir eines klar: Ich werde nie wieder in meinem Leben eine Diät machen. Ich schwöre.

Und: Ich werde mich nie wieder dafür entschuldigen, dass ich dick bin, oder dass ich eigentlich ganz anders bin, oder dass ich gerade Stress habe, oder dass eine dünne Frau in mir wohnt, oder dass ich gleich morgen mit einer Diät anfangen werde, oder, oder ... Mal sehen, ob Sie nach der Lektüre dieses Buches zu einem ähnlichen Entschluss kommen.

Ich werde mich im Essen nicht mehr zügeln und keine Kalorien mehr zählen. Ich werde keinen Salat essen, wenn ich keine Lust auf Salat habe, und ich werde Schokolade essen, wenn ich Schokohunger habe. Ich habe in diesem Jahr gelernt: Es geht nicht um Diät. Essen ist nicht unser Feind. Unser Körper ist nicht unser Feind. Es geht um etwas ganz anderes. Es geht darum, uns neu lieben zu lernen. So wie wir sind. Einzigartig und nicht artig. Mit einem Körper, der okay ist, so wie er ist.

> *Ich habe zwei Wochen Diät gemacht, und was ich verloren habe, sind vierzehn Tage!*
>
> TOTIE FIELDS

Um von diesem Buch zu profitieren, müssen Sie übrigens gar nicht übergewichtig sein. Vielleicht haben Sie ein gestörtes Verhältnis zum Essen, das man Ihnen gar nicht ansieht. Zum Beispiel als gezügelte Esserin, die einen großen Teil Ihrer Energie in ausgeklügelte Speisepläne investiert, um dem Dämon Essen nicht zu verfallen. Oder Sie gehören zu den Fitnessfreaks, die alles erbarmungslos wieder abstrampeln, was Sie sich angefuttert haben. Auch für Sie ist dieses Buch, das Freiheit von Kontrollzwängen geben soll.

Und: Auch Frauen, die von Natur aus dünn sind, sollen bitte dieses Buch lesen und weiterempfehlen. Vielleicht bekommen Sie überraschende Erkenntnisse und verstehen ihre dicke Freundin/Schwester/Kollegin besser, die doch »eigentlich« eine patente Frau ist und »nur das mit dem Gewicht nicht hinkriegt«. Übrigens, Schwestern der Fülle: Die Diskriminierung von dünnen Frauen macht uns Dicke auch nicht glücklicher. Sprechen Sie mir nach: »Nicht jede Frau, die dünner ist als ich, ist anorektisch.«

Auch Männer, die sich herantrauen, können einen Nutzen aus dem Lesen dieses Buches ziehen, egal ob selber übergewichtig oder als Partner einer »molligen« Frau. Ich schreibe zwar gezielt für dicke Frauen, weil ich deren (Gefühls)-Welt am besten kenne. Doch die Erkenntnisse hängen weder am Gewicht noch am Geschlecht. Und vielleicht fallen in Zukunft ein paar zynische Bemerkungen weniger über dicke Frauen, dann hätte sich das Buch schon gelohnt.

Eine Bemerkung zum Thema Essstörungen. Dieses Buch handelt von Frauen, die (gerne) viel und vielleicht einseitig essen und sich deshalb (manchmal) unglücklich fühlen. Im Fall von gefährlichen Essstörungen wie Magersucht, Bulimie, Binge-Eating, extremem Übergewicht und ähnlichem braucht es mehr als ein Buch (auch wenn ich hoffe, dass Sie hier manche Anregungen zum Nachdenken finden). Frauen, die unter massiven Essstörungen leiden, sollten sich professionelle Hilfe suchen. Adressen finden sie auf der Internet-Seite der Bundeszentrale für gesundheitliche Aufklärung (www.bzga-essstoerungen.de).

Ich bin dick, glücklich und erfolgreich!

Es geht um das Vorurteil, dass dicke Frauen faul, undiszipliniert und labil seien. Was für ein Blödsinn! Ich brauche nur mein eigenes, ziemlich erfülltes Leben anschauen, in dem ich es tausend Mal bewiesen habe:

> Ich war 25 Jahre lang eine erfolgreiche Journalistin, meine Leserinnen haben mich geschätzt, manche geliebt. Ich habe zehn Jahre lang in Redaktionen von Frauenzeitschriften gearbeitet, neun Jahre in einer, die Gott sei Dank nie eine Diät im Heft hatte – der Cosmopolitan.
> Ich habe 1999 den Mut gehabt, mich selbstständig zu machen. Ich bin Management-Trainerin und Coach geworden. Ich widerspreche allen gängigen Vorstellungen einer erfolgreichen Geschäftsfrau; wenn man den Fitnessgurus glaubt, überhaupt dem Bild eines erfolgreichen Menschen. Aber ich bin erfolgreich. Auch ohne Triathlon.
> Ich halte Reden auf großen Bühnen, vor großem Publikum, oft sind es 1000 und mehr Zuhörer, und manchmal bis zu vier Stunden lang – und das in Größe 52. Es gibt übrigens inzwischen auch in dieser Größe wunderbare Auftrittsjacken!

› Ich coache Führungskräfte aus Wirtschaft und Politik. Ja, die schätzen mich trotz Übergewicht, auch wenn das Thema »schlanke Strukturen« heißt. Ich kann Strategien entwickeln und weiß, wie man Veränderungen herbeiführt. Daran kann es nicht liegen, dass ich nicht dauerhaft abgenommen habe. (Ich glaube auch nicht, dass Kalorien die kleinen Männchen sind, die im Kleiderschrank wohnen und nachts die Kleider enger nähen.)
› Ich habe zwischen 120 und 150 Auftritte im Jahr, Vorträge, Moderationen, Seminare. Und ich war jedes Mal pünktlich, ausgeschlafen, gut vorbereitet und begeisternd. Es kann also auch nicht sein, dass ich undiszipliniert bin, wie Dicken gern nachgesagt wird.
› Ich bin ein beliebter (nein, liebe Finger auf der Tastatur, nicht beleibter) Gast in Fernseh-Talkshows, weil ich Stimmung, gute Laune und Lebendigkeit in die Sendung bringe. Aber ehrlich, im Fernsehen sieht man dicker aus, als man in Wirklichkeit ist!
› Ich bin Deutschlands erster Certified Speaking Professional, eine Auszeichnung des Internationalen Rednerverbands Global Speakers Federation, nur rund 600 Redner weltweit haben sich diese Zertifizierung erarbeitet. In der Zertifizierung haben meine Kunden mich grandios bewertet. Nein, nicht aus Mitleid, sondern weil ich etwas bewege. Ach ja, Dicke sind träge?
› Ich verdiene richtig gutes Geld und weiß, dass auch eine Kaviardiät mich nicht glücklich machen würde. Das von wegen »Fettsucht als Unterschicht-Problem«! Ich glaube inzwischen: Reiche Zu-viel-Esser können ihre Angewohnheit nur besser tarnen – mithilfe von Super-Steppern im Keller und Personal Trainern, die sie dreimal in der Woche um die Alster/durch den Englischen Garten/ den Tiergarten/den Central Park, am Rhein/East River/

Neckar entlang treiben. Einer Studie habe ich entnommen, dass unter Frauen in Führungspositionen mehr Untergewichtige (7,5 Prozent) als Adipöse (4,7 Prozent) zu finden sind. Aber darüber macht sich niemand Sorgen (genauso wenig wie über Arbeitssucht).
› Ich habe 23 Bücher geschrieben, darunter manche Bestseller und Longseller mit einer Gesamtauflage von schätzungsweise einer halben Million, und weiß jetzt, dass die Zeit am Schreibtisch wertvoller für mich war als drei Abende Workout im Fitnessstudio. Die Frage ist doch: Was erfreut meine Seele? Was erscheint mir als sinnvoll?

Mein liebster Leserbrief kam vor drei Jahren aus der Mongolei. Da schrieb eine Frau, sie hätte als Studentin in Korea mein Buch »Eigenlob stimmt« in Koreanisch gelesen. Ob sie es auf Mongolisch übersetzen dürfe, »wir mongolischen Frauen brauchen es!«.
› Und last but not least, wie die Deutschen zu sagen pflegen: Ich habe gerade vom Bundespräsidenten das Bundesverdienstkreuz am Bande verliehen bekommen – für mein »engagiertes Wirken«.

Soll ich Ihnen ehrlich etwas verraten? Diese Aufzählung ist auch für mich. Ich brauche sie immer wieder einmal, um mich vom Druck des Dünn-sein-Müssens zu retten. Ich habe eigentlich schon lange gewusst, dass das Gewicht kein Maßstab für Glück ist. Aber ich habe mich immer wieder verunsichern lassen. Von SPIEGEL-Titelstorys wie von meinem eigenen Spiegelbild. Von den faszinierenden Geschichten von Frauen, die 25 Kilo im Schlaf abgenommen haben, bis zu dem Wunsch, Stiefel über meine strammen Waden zu bekommen. Von der Scham, beim Arzt ein gelbgemarkertes »adipös« in meine Karteikarte gedrückt zu bekommen.

Ich bin fett, nach Beschreibung des Body Mass Index (BMI), aber ich bin nicht dumm und auch nicht faul. Und ich verbitte mir, dass mir – wie allen Übergewichtigen – nicht nur der Zusammenbruch des Gesundheitssystems, sondern gleich auch noch die Schuld am Klimawandel in die Schuhe geschoben wird (das glauben Sie nicht? Na dann lesen Sie mal Seite 91).

Nie wieder fürs Gewicht entschuldigen

Ich höre jetzt schon Kritikerinnen schreiben: Ach, die dicke Autorin will sich mit dem Buch nur dafür entschuldigen, dass sie es nicht schafft, abzunehmen. Soll ich Ihnen etwas verraten: Das brauche ich gar nicht, denn ich fühle mich nicht schuldig. Es geht nicht um Schuld oder Entschuldigen. Überhaupt werde ich mit dem Kainswort »Schuld« aufräumen. Es geht nicht darum, dass wir Dicken uns das Leben noch schwerer machen, sondern leichter bitteschön.

Ich muss mich nicht fürs Dicksein entschuldigen – ich fühle mich nämlich gar nicht schuldig!

Ich habe für dieses Buch Dutzende anderer Bücher ausgewertet, über Diäten, über die Diätlüge, über Bewegung und Selbstbestimmung, weibliche Macht und Mythen. Die deutschen Bücher zum Thema Übergewicht waren meist sehr gut wissenschaftlich belegt und haben mich aufgerüttelt, wie das wichtige Buch »Dick, doof und arm?« des Soziologen Friedrich Schorb.[2] Er ist den Lügen des Schlankheitswahns auf den Grund gegangen und demaskiert sie als Volksverdummung und Geschäftemacherei. Ich habe beim Lesen eine solche Wut auf die Pharma- und Diätindustrie entwickelt, die von dicken, unglücklichen Frauen (und immer mehr Männern) profitieren – durch öffentliche Wiege-Veranstaltungen über gefährliche Abnehmpillen bis Joghurt gegen Blähbauch. Und ich habe irgendwann ganz nüchtern erkannt: So funktioniert Wirtschaft. Wo ein Markt ist, will verdient werden. Basta.

Das heißt für jede einzelne Frau: ihren eigenen Umgang mit ihrem Gewicht zu finden, sich auszusöhnen mit ihrem unvollkommenen Körper und Lebensfreude zurückgewinnen. »Ich bin ein unvollkommener Mensch in einer unvollkommenen Welt!« Dieser Satz hat mir sehr geholfen. Und er stimmt sogar.

Ich bin ein unvollkommener Mensch in einer unvollkommenen Welt!

Schorbs zweites Buch »Der Kreuzzug gegen Fette«[3] hat mich wachgerüttelt, was die gesellschaftliche Entwicklung zur Schlankheitsnorm und -kontrolle angeht. Eine These aus diesem wissenschaftlichen Buch: Wenn alle Menschen sich nur noch um ihr Gewicht und ihre Fitness kümmern, haben sie keine Zeit mehr, sich in der Gesellschaft zu engagieren. Statt in die Bürgerinitiative gehen sie ins Fitnessstudio. Ihre Gesundheit ist der Bauchnabel der Welt, alles andere tritt dahinter zurück. Wir erleben dadurch eine Entpolitisierung der Menschen. Die Frage ist: Wer profitiert davon?

In meinem Überschwang nach der Lektüre habe ich leider gleich eine Bekannte beleidigt: Sie hat stolz erzählt, dass sie vier Mal in der Woche nach der Arbeit zwei Stunden ins Fitnessstudio geht, um hart zu trainieren, und wollte mir Gleiches empfehlen. »Asozial« habe ich das genannt. Ich entschuldige mich bei ihr für den wirklich uncharmanten

Ausdruck. Ich werde aber gern später erklären, was ich mit a-sozial gemeint habe.

Die »Lizenz zum Essen« des Mediziners Gunter Frank[4] war herrlich bestätigend und forderte beim Lesen zum ständigen Kopfnicken heraus. Viele Erkenntnisse, die so banal klingen und so erleichternd sind: Es gibt den hageren Typ und den molligen. So ist es! Manchen Menschen bekommen gekochte Speisen besser als die lautstark propagierte Rohkost. Auch hier konnte ich nur tüchtig nicken. Und der erfahrene Arzt stellt fest: Stress und Druck machen Menschen dick! Am besten war übrigens der angebissene Schaumkuss auf dem Titel – ja, der Mensch versteht mich! Dieses Buch empfehle ich allen meinen Leserinnen! (Leider kann ich nicht alles zitieren).

> *Ich finde die Idee erschreckend, dass der eigene Körper etwas ist, an dem man immer arbeiten muss!*
>
> SUSIE ORBACH, PSYCHOTHERAPEUTIN

Und dann habe ich wieder einmal die »Bibel« meiner wilden dreißiger Jahre nachgelesen, Susi Orbachs »Anti-Diät-Buch« von 1978. Was mir damals die Macheten der Kämpferin in die Hand gegeben hat, erschien mir bei erneutem Nachlesen allerdings mit dem feministisch-psychoanalytischen Ansatz erstaunlich larmoyant und trotz des sicher belegten Hintergrunds gesellschaftlicher Repression gegen Frauen irgendwie »gestrig«. In einem Interview mit der Süddeutschen Zeitung hat Susie Orbach vor kurzem selbst konstatiert: »Der Feminismus hat verloren. Heute geht es nur noch darum, Superwoman zu werden ...«[5]

Was sehr spannend in diesem aktuellen Interview war: Die Londoner Psychoanalytikerin erzählt, wie sie die Kosmetiklinie »Dove« beraten hat, eine ganz andere Anzeigenkampagne zu starten, mit normalen Frauen mit normalen Figuren. Sie sagt dazu: »Besser Erfolg für wahrhafte Schönheit als wie bisher Körperhass in die Welt zu exportieren.«

Auf halbem Weg der Recherche war ich in Gefahr, das Thema zu »überpsychologisieren«. Es ging plötzlich nur noch um Schuld und Mutterhass, das Patriarchat als solches, den Wunsch nach Autonomie und Fett als »das unausgesprochene Nein des Körpers«. Stimmt von allem etwas, verleitet aber zu tiefem Selbstmitleid und dem Gefühl: Ich kann ja nichts dafür. Wenn meine Eltern mich anders erzogen hätten ... (Dass Erziehung eine Rolle spielt, darauf können Sie getrost eine Latte-Macchiato-mit-Extra-Caramel-Fudge-Sirup-Schlagsahne-und-Schokostreusel schlürfen). Die Frage ist jedoch: Wie gehe ich heute, mit meinen 26, 36, 46 oder 56 Jahren damit um? Um diese Antwort habe ich mich bemüht.

Ich bin fest davon überzeugt, dass Kurven natürlich sind und weiblich und echt.
KATE WINSLET

Eines der Bücher, das mich bei den Schlussfolgerungen meiner Recherche sehr bestätigt hat: »When You Eat at the Refrigerator, Pull up a Chair«[6] der amerikanischen Bestseller-Autorin Geneen Roth. Roth ist eine Anti-Diät-Kämpferin, die mit Zehntausenden von amerikanischen Frauen gearbeitet hat, die glaubten, Dünnsein stehe für kraftvoll, grandios und glücklich. Mein Lieblingssatz in diesem Buch heißt: »Auch dünne Menschen haben Cellulite, werden alt und sterben irgendwann.« Geneen Roth hat mich direkt gepackt bei meinen Gewohnheiten, bei meinen Vorlieben und Ängsten, im täglichen Tun. Dieser praktische Ansatz hat mir gefallen. Warum Sie sich einen Stuhl vor den Kühlschrank stellen sollten, erzähle ich Ihnen später.

Das absolute Superbuch zum Thema ist »Fat!So?« der Anti-Dicken-Diskriminierungs-Aktivistin Marilyn Wann.[7] »Fatso« ist das klassische Schimpfwort für dicke Kinder in den USA, ähnlich dem Wort »Fettsack«, mit dem deutsche dicke Kinder beleidigt werden. Marilyn Wanns Motto heißt: »Because you don't have to apologize for your size!« Ja, das ist es: »Weil du dich nicht für dein Gewicht entschuldigen musst.« Ein großer Satz, eine wunderbare Erkenntnis. Ich finde: die Revolution! Sie werden mehr davon bekommen.

Ein Praxisbuch für Schönsein ohne Diät ist von der Engländerin Mimi Spencer: »101 Things to do before you Diet«.[8] In diesem Ratgeber, in dem man das eine oder andere Kapitel durchaus für oberflächlich ansehen kann, stehen ganz ohne große Aufregung Ausdrücke, die mich umgehauen haben, wie »the dictatorship of thin«. Ja, es gibt eine Diktatur des Dünnseins, und ich möchte Ihnen Handwerkszeug zur Verfügung stellen, wie Sie die Unterdrückungsmechanismen dieser Diktatur aushebeln.

Eines der Geheimnisse eines erfolgreichen Lebens ist, zu essen, was du magst!

MARK TWAIN

Ich habe monatelang alle Google-Alert-Meldungen zu den Themen »Übergewicht«, »Abnehmen« und »Dicke Frauen« aus dem Internet gesammelt (bei Letzerem war übrigens neben interessanten Berichten über die schrille amerikanische Sängerin in XXL Beth Ditto und der Berliner Komikerin Cindy aus Marzahn ziemlich viel Schweinkram dabei). Unglaublich, wie viele wissenschaftliche Studien täglich veröf-

fentlicht werden, die das Horrorbild des dicken Todes zeigen, Fettleber, Krebs, Siechtum ... Anfangs blitzte noch jedes Mal bei einer superaktuellen Studie der Gedanke auf: Ah ja, so ist das. Bis der Gegenbeweis vom nächsten Experten kam. Mein Interesse galt bald weniger der Frage, an welcher Uni wurde die Studie erstellt, sondern: Welche Pharmafirma, welches Unternehmen aus der Diätindustrie hat sie in Auftrag gegeben?

Sehr bestärkt in meiner Skepsis hat mich der Ernährungsexperte Udo Pollmer, den ich einmal in einer Talkshow kennengelernt habe und der mich sehr überzeugt hat. Er enttarnt in seinem Buch »Esst endlich normal«[9] eine Krebsstudie, die »Cancer Prevention Study II«, mit der Dicken Angst vor der Kresbgefahr gemacht wird. Eine Aussage der Studie ist, dass Dicke ein erhöhtes Krebsrisiko haben. Pollmer: »Die Daten zeigen ein völlig anderes Bild: Übergewichtige mit einem BMI zwischen 25 und 30 haben ein geringeres (!) Krebsrisiko als die Leichtgewichte in der Kategorie 18,5 bis 25. Erst ab BMI 30 stieg die Sterblichkeit ein kleines bisschen an.« So wird mit Studien Politik gemacht!

Der Hungerhaken-Trend wandelt sich

In den Hunderten von Zeitungsberichten zum Thema Dicksein, die ich in den letzten zwölf Monaten gesammelt habe, habe ich aber einen erfreulichen Trend ausgemacht: Viele Menschen (sogar Journalist/innen) haben offensichtlich die Nase voll von den dürren Models und Size-Zero-Promis, die in Kinderkleidchen und High Heels herumspazieren und jedem erzählen, dass das Geheimnis ihrer Figur »viel Wasser trinken« sei. Dazu später mehr.

Apropos dick: Wenn ein Modezar, der selbst jahrelang wie eine Presswurst in einen schwarzen Gehrock eingenäht war und erst durch eine Diät-Cola-Diät erleichtert und erleuchtet wurde, öffentlich die »dicken Muttis« geißelt, die »Chips fressend vorm Fernseher auf der Couch sitzen und dünne Models doof finden«, dann muss man das natürlich nicht ernst nehmen.

Ich habe solche »dicken Muttis«, lauter erfolgreiche dicke Frauen (und solche, die einmal dicker waren) zu einer Rubens-Night eingeladen. Bei gutem Essen und Trinken hat jede Frau ihre Erfahrungen mit dem Dicksein erzählt. Was auffällig war – die Geschichten waren sehr unterschiedlich. Es gab nicht die Dicken-Saga. Eine wichtige Erkenntnis! Die einzelnen Geschichten der Rubens-Frauen finden Sie in diesem Buch. Euch Frauen vielen Dank dafür.

Wir sollten essen, wenn wir hungrig sind.
Und aufhören, wenn wir satt sind!
Und wir sollten das Essen lieben,
statt Angst zu haben![10]

SUSIE ORBACH

Expertinnen haben mich an ihrem Wissen teilhaben und sich interviewen lassen: Psychologinnen und Kinesiologinnen zum Thema Schuldgefühl, Sexualtherapeutinnen zum Thema Körpergefühl, Leiterinnen von Selbsthilfegruppen zum Thema Gruppengefühl, Anti-Diät-Aktivistinnen zum Thema Machtgefühl, Ernährungsberaterinnen zum Thema Völlegefühl. Ich verdanke diesen Frauen viele interessante Ansätze und Ideen. Auch ihnen vielen Dank für ihre Bereitschaft, mich an ihren Erfahrungen teilhaben zu lassen.

Ich werde in diesem Buch aufzeigen,

- warum und wodurch Frauen dick werden (Sie werden sich wundern),
- warum Diäten fett machen und wer davon profitiert,
- warum Dicksein keine Entschuldigung ist, unglücklich zu sein,
- warum fit wichtiger als fett ist,
- was Disziplin mit Übergewicht zu tun hat (oder nicht),
- wann dick zu dick ist,
- warum Dicke essen sollten, was sie wollen,
- warum die »Warum ich«-Frage nicht immer was bringt,
- warum Dicke oft nicht über-, sondern unterernährt sind,
- wie Dicke aus der Verteidigungsposition herauskommen,
- warum Erfolg und Liebe nichts mit Dicksein zu tun haben,
- wie schwere Frauen sich das Leben leichter machen können,
- warum Sich-Liebhaben mehr bringt als Sich-Quälen,
- welche Rolle Gewohnheiten spielen,
- warum Sie immer eine Tafel Schokolade bei sich tragen sollten,
- warum Zeit eine Maßeinheit für ein leichtes Leben ist,
- warum Ihnen niemand sagen kann, was richtig ist. Und dass Sie es für sich selbst herausfinden können.

Stichwort Selbstverantwortung: In einem Seminar beklagte sich eine Frau bei mir: »Frau Asgodom, ich muss gar nichts essen, ich werde schon vom Hingucken dick.« Ich antwortete ihr: »Das glaube ich Ihnen nicht. Wenn ich etwas sehe, dann esse ich es auch.« Und mehr als das. Ich esse nicht nur, was ich sehe, sondern auch das, was ich höre.

Ist Ihnen das nicht auch schon aufgefallen: Manche Speisen können reden. Sahneteilchen und andere leckere Happen flüstern mir zu: »Iss mich!« Wie könnte ich da widerstehen und sage zärtlich: »Komm her, du kleines Sahneteil. Sollst auch nicht allein sein.« Für mehr Selbstbewusstsein in Sachen Essen und Dicksein gehört für mich, ehrlich hinzuschauen. Zu dem zu stehen, was wir tun. Ja, die meisten von uns essen mehr als sie verbrauchen. Und das macht dick. Warum das so ist, dafür gibt es viele Gründe. Auch denen gehe ich in diesem Buch auf den Grund.

Ich möchte den Spaß am Essen (wieder) wecken und die Klugheit des eigenen Körpers. Denn »eigentlich« wissen wir, was uns guttut. Und das heißt: Schluss mit Diäten, und die freigewordene Energie da ansetzen, wo wir unser Leben fröhlicher, glücklicher und erfüllter machen können. Deshalb bekommen Sie am Ende des Buches die zwölf Grundlagen für »Gelassen Essen«.

Ein Gedanke noch zu dem Wort »Hüftgold«. Ich hasse dünne Frauen, die vor einem leckeren Buffet stehen und laut mit angeekelter Stimme die Kalorienzahl aller Speisen herunterbeten. Oder die Augen verdrehen und »Alles Hüftgold« stöhnen.

»Seien Sie still!«, bitte ich dann schon mal solche Frauen. »Sie brauchen nichts davon essen, gehen Sie einfach weg und lassen Sie uns, die Lust auf dieses Essen haben, genießen.«

Dick wird das neue Dünn!

Ich bin sicher: Dick wird das neue Dünn (so wie es in Modeberichten heißt: Grau ist das neue Schwarz), sprich: Wir werden unsere erfreuten Augen wieder Frauen zuwenden, die nicht aussehen wie magersüchtige Knaben (sorry, Modemacher, auch wenn eure Mode, wie ihr sagt, »nicht wirklich toll aussieht an Frauen mit Hüften«).

Als Stil-Ikonen der neuen Zeit wurden Anfang 2010 in allen Zeitungen Frauen wie die dicke 26-jährige schwarze Schauspielerin Gabourey Sidibe (»Precious«), die dicke Punk-Sängerin Beth Ditto von der Band »The Gossip« und das Large-Size-Model Chrystal Renn (Größe 42-44) gefeiert. Beth Ditto wurde sogar von Karl Lagerfeld (»Ich habe heute das gleiche Gewicht wie als 18-, 20-Jähriger«) zu seinen Modeschauen eingeladen. Rocky Horror Monster Show?

Als »Rückkehr der echten Frauen« bezeichnet meine geschätzte Autoren-Kollegin Constanze Kleis im Frauen-Magazin »Myself« Promifrauen wie Michele Obama, Barbara Schöneberger oder Kate Winslet. Sie prognostiziert, dass »Kilos und Köpfchen« auf dem Vormarsch seien. Und an den muskulösen Oberarmen ihrer Präsidentengattin erfreut sich ein ganzes Volk. Denn mit solchen Armen kann man »anpacken«. Und das tut Michele Obama auch.

Kommen Sie auch ins Nachdenken über »Dick ist das neue Dünn«? Geht's Ihnen vielleicht auch wie mir: »Wie bitte, wenn schon Kate Winslet als dick bezeichnet wird, was bin dann ich?!« Lassen Sie mich Ihnen erläutern, wie ich dieses »Dick« verstehe. Das, was heute als dick oder übergewichtig bezeichnet wird, sind ganz normale Frauen mit einem weiblichen Körper. Mit Hüften und Busen und Bauch. Mit Oberarmen, die etwas tragen können, und Beinen, die fest im Leben stehen. Mit einem Hintern, auf dem Frauen ihren Platz im Leben besetzen. Und denen es egal ist, welche Größe sie tragen. Frauen, die sich und ihren Körper mögen, ihn pflegen und für ihre Gesundheit sorgen. Rubensfrauen nennt man solche Frauen, nach dem Maler, der gern üppige Grazien gemalt hat, »rubenesk« ihre Figur. Wenn das alles als dick gilt, dann möchte ich gerne in diesem Trend sein.

Sie glauben nicht, dass sich der Blickwinkel auf Dick und Dünn ändern kann? Zumindest in der Mode ist alles möglich. Erinnern Sie sich an den High-Heels-Hype? Alle Frauen sollten nur noch auf mindestens 19 Zentimeter hohen Absätzen rumturnen.

Und plötzlich titeln Zeitungen »Einfach mal wieder runterkommen!«. »Creepers« werden plötzlich en vogue – bequeme Laufschuhe. Und Ballerinas erobern sich die Straßen zurück. Flacher geht's nicht. Ganz abgesehen von den ewig jungen Flipflops. Moden ändern sich – Mini, Midi, Maxi; schwarz, braun, lila, grau, gelb, bunt; Schulterpolster – keine Schulterpolster … In der Mode ist alles möglich. Wenn Frauen sogar den Trend zur drogengesichtigen Dürrheit mitmachen – warum nicht auch den Trend zum gesunden Dicksein?

Und wie wäre es, wenn Frauen einfach für sich bestimmen würden, wie sie aussehen wollen und was sie tragen? Klingt gut.

Damit unser Leben Leichtigkeit gewinnt!

DICK ODER ZU DICK?

Dick ist kein Maßstab, dick ist eher eine Gefühlsaussage. Es kommt weniger darauf an, wie viel wir wiegen, sondern es geht darum, ob wir uns mit unserem Gewicht wohlfühlen. Du kannst eine fröhliche Dicke sein und eine fröhliche Dünne. Deshalb die Frage: Wann sind wir eigentlich zu dick?

› Ist eine Frau zu dick, die den Normvorgaben fürs Idealgewicht nicht entspricht, das gerechnet wird Größe minus 100 minus 10 Prozent? Danach dürfte ich nicht mehr als 55 Kilo wiegen (jedes Mal, wenn ich das höre, kriege ich einen hysterischen Lachanfall. So wenig habe ich das letzte Mal mit 14 gewogen).
› Eine Frau, die einen Body-Mass-Index von über 25 hat (darüber später mehr)?
› Wenn sie keine Bikini-Figur hat?
› Wenn Mediziner sagen, dass ihr Übergewicht ungesund ist?
› Wenn andere sie unästhetisch finden?
› Wenn sie nur noch in Klamotten mit den 3X passt?
› Wenn sie sich nicht mehr bücken kann?
› Oder wenn ihr Mann ihre Taille nicht mehr mit beiden Händen umfassen kann (eine Definition des 19. Jahrhunderts)?

Ich habe lange über eine Definition nachgedacht, die nicht auf dem Urteil anderer oder Modetrends beruht und zu der ich persönlich stehen kann. Und ich habe diese gefunden:

Zu dick bin ich, wenn ich aufgrund meines Gewichts Dinge nicht mehr tun kann, die ich gerne tun würde.

Können Sie etwas damit anfangen? Ich stelle mir vor, ich würde gerne tanzen, aber meine Füße machten das wegen meines Gewichts nicht mehr mit. Ich würde gern Tandem-Fallschirm springen, aber ich bin zu schwer für den Partner. Ich kann nicht mehr mit den Kindern/Enkelkindern auf dem Boden herumtollen, weil ich unter Atemnot leide. Dann werde ich für mich erkennen: Ich bin zu dick, das Gewicht tut mir nicht gut. Ich sollte etwas für meine Gesundheit tun.

Ich finde, meine Definition gilt für ein Übergewicht von fünf Kilo, wenn es mich einschränkt, bis 300 Kilo bei diesen bedauernswerten Riesenbabys, die wir manchmal im Fernsehen sehen, und die ihre Couch nicht mehr verlassen können. Die brauchen offensichtlich Hilfe, ohne Frage, weil ihr Leben erheblich eingeschränkt ist – auch die »Laufzeit« betreffend.

Ich bin gut in Form. Rund ist doch schließlich eine Form?

Ich weiß, dass sich bei vielen dünnen Menschen an dieser Stelle Widerstand regt. »Aber das ist doch unästhetisch, so fette Menschen, die sich gehen lassen.« Die Welt gehört allen Menschen, nicht nur den stromlinienförmigen Dauersteppern, den Naturdünnen, die keine Ahnung haben, was es heißt, dick zu sein. Und wir sollten uns auch nicht von Trash-Sendungen im Privatfernsehen beeinflussen lassen, die uns gern »die Dicke« als Proll-Mutter präsentiert, die ihre Kinder mästet.

Der Soziologe Friedrich Schorb schreibt in seinem Buch »Dick, doof und arm?«: »Wenn heute von Gesundheit die Rede ist, geht es in Wahrheit gerade beim Thema Ernährung häufig um das Bedürfnis, sich sozial nach unten abzugrenzen.« Er bezweifelt, dass es überhaupt eine »Epidemie von Übergewichtigen« gibt. Und dass die Abscheu vor Dicken als Abgrenzung einer Gesellschaftsschicht dient. Allen, die sich mit dem Thema intensiver beschäftigen wollen, empfehle ich Schorbs Buch. Was »gute Ernährung« sei, entspreche dem Geschmack der Mittelschicht, schreibt er sehr anschaulich. Und das erinnert mich an eine ungeheuerliche Geschichte, die ich einmal erlebt habe:

Ich wurde von einer bekannten Journalistin und Buchautorin aus Hamburg zu einem Berufsthema interviewt. Sie lud mich am Hafen zum Essen ein und wir hatten uns sehr angeregt unterhalten. Plötzlich sagte sie: »Sagen Sie mal, Frau Asgodom, glauben Ihnen eigentlich die Manager, was Sie da auf der Bühne sagen, obwohl Sie ja selbst offensichtlich ein Gewichtsproblem haben?«

Mir fiel der Unterkiefer herunter. »Wie bitte?«

»Na, Sie selbst wissen ja offensichtlich nicht, wie man Ziele erreicht.«

Ich war so fassungslos, dass mir keine schlagfertige Antwort einfiel. Ich konnte nur mit dem Kopf schütteln und »Nö« sagen, »die glauben mir«. Die Wut kam leider erst später. Und die Erkenntnis: Die glauben mir und die schätzen mich, weil ich ein Mensch bin, mit Stärken und Schwächen. Und weil ich ehrlich sage, was ich denke und was ich beobachte. Weil ich Position beziehe, einen Standpunkt habe, an dem man sich reiben kann, und ich keine starren Statements abgebe. Weil ich weiß, wie Menschen ticken – nicht wie ferngesteuerte Roboter. Das alles fiel mir in diesem Augenblick natürlich nicht ein. Dann erzählte mir die Journalistin mit einem leicht angeekelten Blick auf mein ärmelloses Kleid (draußen hatte es 30 Grad), dass sie niemals ärmellose T-Shirts trüge, weil ihre Oberarme nicht »perfekt« seien. Zur Info: Sie ist eine hübsche 39-jährige Frau, die geschätzt eine schmale 38 trägt.

Ich fragte sie entgeistert: »Wie kommen Sie darauf, dass Ihre Oberarme nicht perfekt sind?«

»Das hat mein Mann mal gesagt.«

Hui. Na das überzeugt. Da würde ich mich auch verhüllen. Mein Gott, Frau, genau Sie brauchen mein Buch. Damit Sie aus dem Selbsthass und der Selbstabwertung herauskommen. Damit Sie wild und unersättlich leben können und dem Kontrollblick des strengen Herrn Gemahl entkommen. (Was würde dieser Oberästhet wohl zu meinen Monsterarmen sagen?) Und damit Sie anderen Frauen nicht mehr Ihre eigene Unsicherheit und Selbstbestrafung weitergeben.

Niemand hat das Recht, Dicke zu beleidigen!

Sie finden, ich bin zu empfindlich? Das war doch nur eine Frage? Nein, es war eine Beleidigung. Und ich habe für mich beschlossen (als ich wieder klar denken konnte): Wir Dicken dürfen uns so etwas nicht mehr gefallen lassen. Wer gibt anderen das Recht, uns anzumachen? Da werde ich echt trotzig – doch dazu später mehr.

Dick oder zu dick – das ist eine entscheidende Frage für Lebensfreude und Leichtigkeit. Als ich mich daran gemacht habe, ein Konzept für dieses Buch zu schreiben, dachte ich plötzlich panisch: Wenn das Buch im November 2010 erscheint, muss ich mindestens 20 Kilo abgenommen haben. Wenn ich das Buch in Talkshows vorstelle, muss ich doch beweisen, dass ich es endlich geschafft habe. Und damit beweisen, welche wohltuende Wirkung das Buch auf Frauen haben wird. Ich habe sofort angefangen, meine Ernährung umzustellen und mir einen Personal Trainer engagiert.

Merken Sie was? Ich bin wieder einmal auf meine eigenen Ängste hereingefallen. Wie kann man einer dicken Frau ein Buch über Dicksein und Gesundheit abnehmen (die auch noch unperfekte Oberarme hat)? Wie kann die etwas Kluges darüber sagen, wenn sie doch ihre eigenen »Probleme« nicht in den Griff kriegt?

Bei der Arbeit an diesem Buch habe ich es endlich kapiert: Ja, ich bin dick! Ich bin so geschaffen. Ich habe Schuhgröße 41, bei einer Körpergröße von 1,62. Das spricht nicht für den Bausatz einer Elfe, oder? Übrigens: Als ich bei einem Vortrag einmal den Witz machte, dass ich nie eine Elfe werden würde, kam hinterher eine dicke Zuhörerin, nahm mich herzlich in den Arm und strahlte mich an: »Frau Asgodom, wir sind keine Elfen, wir sind Zwölfen!« Was für ein schöner Ausdruck.

Ja, ich bin eine Zwölfe. Habe von allem (vielem) ein bisschen mehr. Mehr Pfunde, mehr Selbstzweifel, mehr Empathie, mehr Energie, mehr Oberarme, mehr Fantasie, mehr Kraft, mehr zu schleppen, mehr zu bedenken. So ist es.

Wir sind keine Elfen, wir sind Zwölfen.

Zurück zum Thema Selbstzweifel. Ich hatte gehofft, durch dieses Buch innere Handbremsen lösen zu können, durch das Hinschauen fast automatisch die Pfunde purzeln zu lassen. Habe mir erhofft, wenn man hinguckt, wird man doch was verändern können. Und: Ich kam, genau wie Sie auch vielleicht, weiter mitten hinein ins Schlamassel. Jede von uns weiß, wie Abnehmen geht. Jede von uns hat es auch schon auf die verschiedensten Arten geschafft, abzunehmen. Das ist das Verhängnisvollste. Und jede von uns kennt die niederschmetternde Erfahrung: Wie gewonnen, so zerronnen. In den USA habe ich mal einen lustigen Sticker gesehen: »I keep trying to loose weight, but it keeps finding me.« – Ich versuche ständig, Gewicht zu verlieren, aber es findet mich immer wieder.

Sobald mir meine triviale Unzulänglichkeit bewusst wurde, habe ich aufgehört, wieder Kalorien aufzuschreiben und auf eiweißreiche Mahlzeiten vor 19 Uhr zu achten. Den Sport will ich weitermachen, denn ich habe gemerkt, der tut mir gut und macht mir Spaß (zu dem Thema später mehr). Ich schreibe Teile dieses Buches, wie bei jedem Buch, in meinem Lieblings-Wellnesshotel Marc Aurel in Bad Gögging, weil ich ungestört sein will, morgens eine Runde schwimme und unter pflegenden Händen auf gute Gedanken komme (und ich drei warme Mahlzeiten am Tag bekomme, plus lecker Kuchen am Nachmittag).

Ich versuche ständig, Gewicht zu verlieren, aber es findet mich immer wieder.

Ab und zu kommt mich mein Mann in meinem Schreibretreat besuchen – weil wir Sehnsucht aufeinander haben, aber auch, um mich aufzubauen, wenn mich wieder einmal der Schreibteufel anfrisst (Kennen Sie den? Klein, dick, mit spitzen Zähnen ... – Wie gut, dass ich keine Vorurteile gegen Dicke habe).

Als ich Siegfried (so heißt mein Mann, nicht der Schreibteufel) heute früh beim Frühstück vorgejammert habe, dass ich dieses Buch überhaupt nicht schreiben könnte, weil ich doch meinen Leserinnen keinen Meter voraus wäre und weil alles Wichtige schon in anderen Büchern stünde, und überhaupt, weil ich unfähig sei, sagte er nach kurzer Überlegung: »Du weißt, dass das nicht stimmt. Aber wenn es so wäre, dann schreib das doch. Darin liegt doch die ganze Tragik der Dicken. Der ewige Wunsch, anders zu sein, perfekt zu sein, wie die anderen zu sein, die die Maßstäbe setzen. Die Sehnsucht nach dem Dünnsein. Und das eigene Versagen.« Er ist Diplom-Psychologe und klug.

Und dann, nachdem er sein Müsli ausgelöffelt hatte (während ich schweigend, aber mit großem Genuss mein Brötchen mit Leberwurst verspeiste), sagte er noch etwas: »Ich finde, du hast dich sehr verändert, seit du an dem Buch arbeitest. Du bewegst dich anders, du gehst aufrechter. Du isst auch anders. Habe ich dir je gesagt, dass du meistens viel zu schnell gegessen hast, atemberaubend schnell? Du isst heute sehr viel langsamer und konzentrierter. Du isst, was du magst, und versteckst es nicht. Ich finde, du isst sehr viel weniger zwischendurch. Du trinkst keine Cola mehr, aber viel Wasser über den Tag. Du hörst auf zu essen, wenn du satt bist. Ich erinnere mich nicht, dass du früher etwas übriggelassen hättest. Und du sagst, du hättest nichts verändert?« Ich habe ihn dafür geküsst!

DAS ENDE EINER 25-JÄHRIGEN DIÄT-KARRIERE

Wenn ich mich nicht gerade selbst beschimpfe, weiß ich schon, dass ich große Schritte aus einer unglücklichen Diät-Biografie geschafft habe. Meine Diätkarriere hat mit 13 begonnen. In der Pubertät hatte ich ein paar Kilo zugelegt, wurde stämmiger, und meine Mutter nahm mich in ihren Diätkreislauf auf. Ich sage das ohne Bitterkeit. Aber so war es. Mit meiner Mutter habe ich mich längst versöhnt.

Als eine der ersten haben wir eine Sauerkrautdiät gemacht. Tagelang nur Sauerkraut, am besten roh (wegen der Vitamine), aber auch gekocht, ohne Salz, ohne Schmalz. Einfach Sauerkraut. In diesen Tagen wurde die Badezimmerwaage mein treuester Lebensbegleiter. Ein kleiner Tipp: Sauerkrautdiät bringt's echt nicht. Wie jede einseitige Diät hältst du nicht lange durch, der Körper schaltet auf Sparflamme, du kannst das Zeug bald nicht mehr sehen und entwickelst einen Heißhunger auf alles Süße, was nicht bei drei auf dem Baum ist. Von den mit dieser Ernährungsweise verbundenen Verdauungsproblemen möchte ich gar nicht reden.

Was das Schlimmste an den sogenannten Blitzdiäten ist, du lernst zweierlei dabei: Auf den ersten Blick funktioniert es, denn du nimmst tatsächlich zwei, drei Kilo ab. Wie man heute weiß, fast ausschließlich Wasser. Und wenn du nur durchhalten würdest, ja, dann würdest du es schaffen, dein Wunschgewicht zu erreichen; die kurzen Röcke zu tragen, die die Dünnen tragen; den Jungen in dich verliebt zu machen, der dich bisher nicht mal angesehen hat.

> *Das Erste, was man bei einer Diät verliert, ist der Sinn für Humor!*

Aber, und jetzt kommt der zweite Punkt: Du hältst nicht durch. Irgendwann stürzt du dich auf einen Frankfurter Kranz, den du wie besinnungslos in dich hineinschaufelst, im Stehen, direkt von der Kuchenplatte, mit dem großen Löffel (setzen Sie hier ein, worauf Sie sich im Nach-Diät-Frust stürzen:

_____).

Und du lernst deine Lektion der Verdammnis: Du hast Schuld, dass du es wieder versemmelt hast (oder vertortet, vernascht, vernudelt). Wenn du nicht so undiszipliniert wärst, so verfressen, so labil ... Du bist eine Versagerin.

Es hat leider lange gedauert, bis ich begriffen habe, dass diese Diäten wirklich Mist sind: Eier-Diät und Wiener-Würstchen-Diät, Bananen-, Mayo-, Hollywood-, Nudel-Diät ... In drei Tagen fünf Kilo, in einer Woche die Bikinifigur. Und als Sahnehäubchen obendrauf der Jojo-Effekt: Der Körper bekommt das Signal, Achtung, magere Zeiten sind angebrochen, alles auf Sparflamme schalten. Und sobald die Diät vorbei ist, versucht er, so viel Fett wie möglich zu speichern, falls wieder so eine Hungerperiode ausbrechen würde.

Bis ich das endlich verstand, hatte ich mein Gewicht schon deutlich hochgehungert, wog mit 19 Jahren 74 Kilo. Davon nahm ich in kurzer Zeit zehn Kilo ab, weil ich mich schwer verliebt hatte. Euphorie verfliegt. Mit 24, nach weiteren Diäten, waren es bereits 80 Kilo. Und dann fiel ich auf das nächste Versprechen rein: nie wieder hungern. Um das Jahr 1975 trat Dr. Robert C. Atkins in mein Leben. Ein amerikanischer, selbst fettleibiger Arzt, der die Schweinespeck-Fresserei erfunden hatte und ein Buch über die Atkins-Diät auf den Markt brachte. Ich war begeistert: Man durfte sich satt essen, musste dafür nur fast völlig auf Kohlehydrate verzichten, kein Mehl und keinen Zucker, keine Nudeln, kein Reis und keine Kartoffeln. Erinnert Sie das an was? Low-Carb.

Übrigens, wenn Sie bei Wikipedia »Low-Carb« eingeben, sehen Sie, dass die Idee mit dem Verzicht auf Kohlehydrate, die uns heute als der neueste Schrei verkauft wird, etwa 200 Jahre alt ist. Der Engländer William Banting (1797 bis 1878) hat in seinem Buch »Letter on Corpulence« bereits darüber geschrieben. Andere Ausdrücke für Low-Carb aus den letzten 200 Jahren: Banting-Kur, Fleisch-Fett-Diät, Lutz-Diät. Ja und Atkins.

In den ersten Wochen durfte ich nach Dr. Atkins auch kein Obst und Gemüse zu mir nehmen, später wurde es aufs Gramm vorgeschrieben. Also Eier bis zum Abwinken, Fleisch, Fisch, Sahne, Fett satt, Sojaprodukte, aber kein Stückchen Brot. Vitamine sollten durch Nahrungsergänzungsmittel zugeführt werden.

Mit sogenannten »Keton-Sticks« konnte ich genau überprüfen, ob im Urin auch genügend Keton-Körper vorhanden waren, die auf einen regen Fettabbau hinwiesen. Was man alles macht! Meine gute Laune wurde monatelang von einem kleinen bepinkelten blauen oder lila schimmernden Löschblattstück bestimmt!

Die gute Laune wird von einem bepinkelten Löschblattstück bestimmt.

Für den Hunger zwischendurch gab es tütenweise getrocknete Schweineschwarte, die in jedem Supermarkt zu bekommen war. Mir wird heute noch schlecht, wenn ich nur an den Geruch denke. Aber abgenommen habe ich tüchtig: Ich glaube um die 20 Kilo! Furchtbar einseitig, aber tatsächlich ohne zu hungern. Leider kamen die Kilos sofort zurück, wenn man aus der Fettschiene heraustrat und die Gier nach einer Scheibe Brot oder einem Stück Kuchen zu stark wurde. Das hieß: wiederholen und wiederholen.

Ende der siebziger Jahre sprach sich herum, wie gefährlich diese Diät sei, Blutwerte veränderten sich negativ, vor allem die Leber wurde wohl von der einseitigen Ernährung in Mitleidenschaft gezogen. 2003 verstarb der Doktor an Krebs, und 2005, so habe ich Wikipedia entnommen, musste die Atkins Nutritional Inc. Insolvenz anmelden.

Aber Sie haben es vielleicht gemerkt, vor einigen Jahren war Atkins plötzlich wieder da. Die nächste Generation Frauen im Fettfieber. Was las ich neulich: Die amerikanische Fleisch-Industrie hat mit vielen Millionen Dollar Studien finanziert, die die Wirksamkeit von Atkins nachweisen. Na also, geht doch.

Abnehmen ohne hungern – wer's glaubt

Einen exotischen Versuch des Abnehmens unternahm ich im Dienst der Berichterstattung. Als Redakteurin einer Münchner Tageszeitung schrieb ich einen Bericht über einen Münchner Modearzt, der in seiner Praxis im Olympiadorf angeblich mithilfe von Akupunktur seine Patientinnen zu schlanken Tannen machte. Der Arzt erzählte im Interview von seinen Wahnsinnserfolgen, Abnehmen völlig ohne Hungern! (Das war das Zauberwort, denn mit Hungern konnte ich es selbst).

Das wollte ich auch. Ich ließ mir auf eigene Rechnung für vierhundert Mark zwei Dauernadeln ins Ohr schießen (viel Geld für eine kleine Redakteurin!), um anschließend einen Zettel mitzubekommen, auf dem stand, dass ich mich in den nächsten Wochen überwiegend von Tomaten ernähren sollte. Die Nadeln würden helfen, dass ich kein Hungergefühl spüren würde. Ich müsste sie nur mehrmals täglich mithilfe eines kleinen Magneten drehen. Wie, nur Tomaten essen? Da könnte ich auch ohne Nadeln abnehmen, dachte ich kurz.

Teure Nadeln im Ohr – und dann nur Tomaten essen?

Ich fühlte mich getäuscht, sagte aber nichts. Ich hielt zwei Wochen magenknurrend Tomaten essend durch. Aber die eine Nadel entzündete sich, das Drehen tat entsetzlich weh, die Stelle an meinem Ohr wurde immer röter, heißer und dicker. Ich riss die Nadeln schließlich unter Schmerzen heraus. Das Ende des Experiments.

Wenn ich heute daran denke, werde ich wirklich wütend – einmal über die Geldschneiderei dieses »Modearztes«. Seine Methode hat sich übrigens nicht durchgesetzt. Und wütend auf mich selbst. Ich war Mitte 20 und traute mich nicht, zu ihm hinzugehen und ihn zu konfrontieren. Ich fühlte mich beschämt und irgendwie selber schuld. Ich war ja schließlich dick und hatte gehofft, ohne Anstrengung dünn zu werden. Ja, und das musste offensichtlich bestraft werden.

Anfang der achtziger Jahre bekam ich mein erstes Kind. Und ich durfte endlich meinen Bauch stolz vor mir hertra-

gen. Ich war nicht mehr zu dick – ich bekam ein Baby, jawoll! Die Schwangerschaft war eine herrliche Zeit, ich habe endlich gegessen, worauf ich Lust hatte. Habe mir jedes Gelüst erfüllt. Bestärkt wurde ich durch ein afrikanisches Sprichwort, das mein damaliger Mann mir verraten hatte: »Für jeden Wunsch, der einer schwangeren Frau nicht erfüllt wird, bekommt das Kind einen Leberfleck!« Ich wollte ein rosiges Baby! Und aß.

Das einzig Schlimme waren die Vorsorgetermine beim Frauenarzt, bei dem mich die Arzthelferin jedes Mal auf die Waage schickte und kopfschüttelnd mein Gewicht notierte. In meinem Mutterpass stand mit gelbem Marker unterstrichen das böse Wort »adipös!« Was nicht gerade stimmungshebend war. Ich nahm in der Schwangerschaft 21 Kilo zu, was mich gewichtsmäßig erstmals über die »Hundert« katapultierte. Und durch die Geburt leider nur fünf Kilo ab (das Baby wog dreieinhalb Kilo).

Die Schwangerschaften waren herrlich – endlich durfte ich einen Bauch haben.

Beim Stillen nimmt man automatisch ab, las ich in Elternratgebern. Komisch, nur ich nicht. Im Gegenteil, die Prinzenrolle wurde damals mein bester Freund. Bei jeder Ausfahrt mit dem Kinderwagen ging ich an einem kleinen Kiosk an der Isar vorbei und wurde jedes Mal schwach, wurde immer dicker und gleichzeitig immer verzweifelter. Kennen Sie den Vorsatz: Heute nicht? Und währenddessen steckte ich schon Kleingeld ein für den Kiosk. Ich war zu der Zeit arbeitslos, unglücklich und ziemlich einsam als Mutter. Ich hatte keine Familie in München, keine Mutter oder Schwiegermutter, keine Schwägerinnen, mit denen ich mal hätte reden können. Da habe ich erstmals nach den vielen wilden Jahren in München meine Familie vermisst.

Nach einem Jahr bekam ich eine Riesenchance. Ich sollte im Rahmen einer ABM-Stelle (Arbeitsbeschaffungsmaßnahme des Arbeitsamts) für eine politische Stiftung ein Buch machen. Und zwar ein Buch über den Arbeiterwiderstand in der Nazizeit. Ich stürzte mich voll Elan in diese Arbeit. Machte Interviews mit damals noch lebenden Zeitzeugen. Lernte, was Mut und Zivilcourage ist und wann »Neinsagen« wirklich ein Risiko ist. In diesem Jahr nahm ich ohne Zutun einige Kilo ab. Aber es war kein Thema für mich. Es war so egal, es gab so viel Wichtigeres. Das Buch erschien 1982: »Halt's Maul, sonst kommst nach Dachau«.

Die ABM-Stelle lief aus und über Kontakte bekam ich eine Stelle als Sekretärin im Münchner Rathaus. Durch eine Kollegin dort lernte ich die Methode des Heilfastens kennen, Anfang der Achtziger las jeder und jede in meinem Bekanntenkreis Fastenbücher. Das kann ich auch, dachte ich, packen wir den Teufel Essen bei den Hörnern. Und ich nahm tatsächlich, während ich voll arbeitete, über 20 Kilo in sechs Wochen ab. Wie das ging? Nur Säfte trinken und dünne Gemüsesuppen essen – sonst so gut wie nichts.

> *Ich will, dass sich Frauen endlich bewusst werden, was sie ihrem Körper antun, wenn sie ihn so sehr hassen. Wenn sie ihn so sehr mit Hunger malträtieren, wie ich es getan habe, nur weil sie einem Ideal entsprechen wollen: Du kannst dein Leben verlieren. Ich war magersüchtig. Ich war in der Hölle.*
>
> Crystal Renn, Model, 23, hungerte sich fast zu Tode, am Schluss hatte sie nur noch 38 Kilo. Das hat sie in ihrem Buch »Hungry«[11] beschrieben. Heute arbeitet sie als »Übergrößen-Model« mit Größe 42! Drücken Sie dieses Buch Ihrer Tochter in die Hand, wenn sie auch davon träumt, ein Supermodel zu sein.

Es war ein grandioser Erfolg, der mir wirklich leicht fiel. Nichts essen, stellte ich fest, war nach wenigen Tagen einfacher als ein bisschen essen. Ich fühlte mich heroisch und euphorisch (seltsamerweise Vokabeln, die ich heute im Zusammenhang mit Anorexie-Patientinnen lese, die Nichtessen als autonomen Akt verstehen), bis mir in einem kreisrunden Haarausfall die Haare ausgingen. Ob es einen Zusammenhang gab, konnte mir damals niemand sagen.

Aber ich kehrte reumütig in die Welt des Kochens und Essens zurück. Mit dem Ergebnis, dass ich zu Beginn der Schwangerschaft mit meinem zweiten Kind wieder knapp 90 Kilo wog. Diesmal nahm ich in der Schwangerschaft 23 Kilo zu, hinterher 10 Kilo ab.

Die nächsten Jahre war ich mit Mann, zwei Kindern, meiner Arbeit, inzwischen als Redakteurin bei der Zeitschrift ELTERN und dort Betriebsrätin, voll ausgelastet. Das Gewicht spielte nur am Rande eine Rolle. Ich bewegte mich viel mit den Kindern, wir gingen schwimmen und radelten viel. Ich war trotz meiner 85 Kilo ziemlich fit. Ich trug

Jeans und legere Pullover, Freunde nennen das auch meine »Müsli-Zeit«. Ich war engagierte Gewerkschafterin, politisch aktiv und legte keinen Wert auf modisches Aussehen. Das änderte sich erst, als ich 1989 zu einer Frauenzeitschrift wechselte.

Plötzlich war ich die dickste, unmodischste, unangepasste – ich begann, mich wirklich unwohl zu fühlen unter vielen Salatblatt kauenden, Fitness fixierten Fashion Victims. Und was weiß ich heute? Stress macht dick. Jede Diät hat mich wieder nach oben katapultiert. Als die Waage wieder über 100 Kilo zeigte, begann eine Jahre andauernde Zusammenarbeit mit den Waagewächtern, den Weight Watchers, die einer luxemburgischen Investmentgesellschaft gehören, und die wiederum einem belgischen Keksfabrikanten! Das wusste ich damals allerdings nicht.

Und die Umsätze mit unglücklichen Dicken sind gewaltig! Letztes Jahr haben allein bei den Weight Watchers weltweit 1,4 Millionen Frauen (und einige Männer) in mehr als 50 000 Gruppen ihre Beiträge gezahlt oder im Internet das Programm genutzt. Der Umsatz betrug 2008 vier Milliarden Euro.

Deshalb ist es auch ein heiß umkämpfter Markt. In den USA gibt es eine große Konkurrenzfirma namens »Jenny Craig«. Raten Sie mal, wem »Jenny Craig« gehört? Einem Großkonzern in der Nahrungsmittelindustrie (Pizza, Eis, Schokolade).

Rumpelstilzchen-Methode:
Heute koch ich, morgen back ich,
übermorgen mache ich die Frauen dick!

Das ist ein Superkonzept à la Rumpelstilzchen: Heute koch ich, morgen back ich, übermorgen mache ich die Frauen dick. Und die nächsten 30 Jahre habe ich sie als unglückliche Dicke in meinen Abnehmgruppen sitzen. Und verkaufe ihnen dann die von der Abnehmgruppe empfohlenen Diätprodukte, die ich auch gleich noch herstelle. Das Perpetuum Mobile für fetten Umsatz.

Wobei die Kraft einer Gruppe durchaus hilfreich sein kann: Ich habe mehrmals zwischen 15 und 20 Kilo bei den WW verloren – leider kamen sie jedes Mal mit Zins und Zinseszins zurück. (Vielleicht, weil mein Zielgewicht so niedrig angesetzt wurde, dass ich es niemals erreichen konnte: 55 Kilo! Heute weiß ich, das allein reicht als Grundstein für Misserfolg.) Ich bin vielleicht ein bisschen naiv, aber ich dachte damals, das ist eine der erfolgreichsten Selbsthilfegruppen, die es gibt. Die wollen mir helfen. Wow. Ich sage ja, ich war naiv.

Ich fühlte mich verstanden und unter Freundinnen. Wir hatten einen reizenden Gruppenleiter (einer der wenigen Männer), der Verständnis für alles hatte, der uns Mut zusprach, der lustig war und uns zum Lachen brachte. Jahrelang gehörte der Dienstagabend der Gruppe (danach kam Dallas im Fernsehen). Das Geheimnis der Geschäftsidee: anders essen und Social Support, die Unterstützung von anderen. Eine gute Idee, wenn sie nicht in Sachen Diät zur Abhängigkeit führen würde. Doch dazu später mehr.

Nie wieder Diät!

Als meine Tochter 13 war, hörte ich einmal, wie sie vor dem Spiegel stehend zu einer Freundin sagte: »Oh Gott, schau mal, was für dicke Oberschenkel ich habe. Ich muss unbedingt abnehmen!« An dem Tag beschloss ich, nie wieder eine Diät zu machen, damit meine Kleine nicht ebenfalls in diesen Strudel gezogen wird. Ich habe als Trainerin gelernt, dass der Mensch etwa 50 Impulse braucht, um etwas zu verändern. Danke, Bilen, du hast mir damals den 50. Impuls gegeben!

Sie wollen wissen, wie ich aus dem Diät-Karussell ausgestiegen bin? Ich habe einfach keine Diät mehr gemacht. Ich habe erst einmal wieder kontinuierlich zugenommen, aber dann hat sich das Gewicht stabilisiert. Und: Seit zehn Jahren habe ich plus minus fünf Kilo dasselbe Gewicht (bei über hundert sind das kleine Ausschläge!). In meinem Kleiderschrank hängen schöne Sachen, die zehn Jahre alt sind und noch passen. Ich denke immer wieder: Blöd, dass ich nicht früher aus dem Diät-Karussell ausgestiegen bin, dann hätte ich mich auf einem niedrigeren Niveau eingependelt.

Dass ich immer wieder mal versuche, meine Ernährung gesünder auszurichten, will ich Ihnen auch nicht verschweigen. Es geht über einige Monate gut, dann verliere ich das Ziel leider wieder aus den Augen. Dass ich heute aber ganz andere Ansprüche an gutes Essen stelle, davon werde ich Ihnen später erzählen. Doch erst einmal zu der Frage, aus welchen Gründen werden wir dick? Vorweg: Es gibt mehr als den einen gängigen!

WARUM WERDEN WIR ÜBERHAUPT DICK?

Na klar, die Antwort weiß doch heute jedes Kind: weil wir zu viel essen und uns zu wenig bewegen. Oder: Weil wir zu viel vom Falschen essen und zu viel vom Falschen tun. Super! Diese Erkenntnisse haben uns jetzt sehr weitergeholfen. Die Antworten klingen auch plausibel – und sind doch falsch oder zumindest irrelevant. Denn die physikalische Erklärung allein hilft uns nicht. Dicke Menschen sind dick, aber nicht doof. Natürlich wissen wir, was wir tun müssten, um abzunehmen.

Dicke Menschen sind dick, aber nicht doof

Neunundneunzig Prozent von uns haben es schon getan: weniger gegessen, mehr bewegt; Diäten ausprobiert, abgenommen, gehungert, gelitten, bestanden, stolz gewesen, schwach geworden, vergessen, mehr gegessen, zugenommen, mehr als vorher gehabt, traurig gewesen, sich selbst beschimpft, bestraft, verachtet, gehasst. Weniger gegessen, mehr bewegt; Diäten ausprobiert …

Die Welt ist so ungerecht!!! Denn jede Dicke kennt dünne Menschen, die viel Falsches essen, die sogar mehr essen als Dicke. Dünne, die keine Vitamine essen und sich nicht bewegen – und sie werden trotzdem nicht dick. Kennen Sie auch die Dünnen, die Schokoriegel und Doppel-Hamburger in sich hineinstopfen, mit Cola nachspülen, die noch nie in ihrem Leben Sport gemacht haben und niemals die Treppe nehmen? Und sie bleiben dünn! Warum??? Es kann doch nicht nur an Essen und Bewegen liegen? Tut es nicht!

Also. Vergessen Sie alles, was Sie bisher über Abnehmen und Diäten gelernt haben (und ich bin ziemlich sicher, dass Sie schon sehr viel gehört und gelesen haben). Alles kluges Zeug, inhaltlich richtig, manchmal der hilfreiche Impuls, den eine Dicke braucht, um ihr Leben, sprich ihre Ernährungsgewohnheiten zu ändern. Meistens geschrieben von hageren, großen Ernährungsberaterinnen, die noch nie in ihrem Leben den Ruf eines Sahneteilchens gehört haben (sorry, meine Damen! Das tut mir wirklich leid für Sie. Die rufen nämlich wirklich so köstlich: »Iss mich. Ja, du, die süße Dicke da vorne. Ja, für dich bin ich gemacht worden. Komm, leg mich auf deinen Teller. Bohr deine Zunge in mich. Nimm mich – jetzt.«).

Ich schätze, die meisten Diätexpertinnen und Bestsellerautor/innen sind wahnsinnig klug und wahnsinnig vernünftig, doch leider völlig ahnungslos, warum wir Dicken wirklich dick sind und warum wir es trotz all ihrer klugen Argumente nicht schaffen, so zu werden wie sie. Ich bewundere ihre Leistung, uns dafür nicht zu verachten, und die Hoffnung nie aufzugeben, uns missionieren, trainieren oder dressieren zu können.

Der Heidelberger Arzt Gunter Frank schreibt in seinem absolut empfehlenswerten Buch[12] »Lizenz zum Essen«: » ... dass viele diplomierte Ernährungsberater Essen offensichtlich nicht als Quelle von Lebensfreude und Genuss, sondern als Gefahr für Leib und Leben ansehen. Immer wenn Essen

> **Ernährung statt Essen**
>
> Früher haben Menschen gegessen und getrunken. Heute ernähren sie sich. Möglichst nach der Ernährungstabelle der Deutschen Gesellschaft für Ernährung und dem Rat von staatlich geprüften Ernährungswissenschaftlern.
>
> Kennen Sie das alte Tischgebet: »Komm Herr Jesus, sei unser Gast und segne, was uns du heute bescheret hast?«
>
> Heute muss es umformuliert werden: »Komm Herr Jesus, sei unser Gast und segne, womit du uns heute ernähret hast.«

schmecken soll, schreiten diese Experten ein und fordern ›gesunde‹, sprich magere Ernährung. Über 7000 Studierende hat das Fach Ernährungswissenschaften bzw. Ökotrophologie, viele von ihnen können Essen nicht mehr einfach genießen, und das hat Folgen ... Die meisten von ihnen können übrigens nicht mal kochen.«

Gehören Sie zum Stamm der Genussesser?

Ich bin ja viel auf Kongressen unterwegs, auf denen es jetzt fast immer einen Vortrag zum Thema Fitness und Ernährung gibt. Auch unter den Teilnehmern gibt es jede Menge Health-Coaches und Fitness-Trainer/innen. Da gibt es viele, die selbst vor Diäten warnen (aber dann doch ganz gern ein kleines Mittel zum Schlankwerden anbieten). Frage ich solche Kolleg/innen, ob sie selbst schon mal dick waren, sagen die durchtrainierten 36er (Kleidergröße und Alter): »Oh ja, ich hatte auch schon mal drei/fünf Kilo zu viel ... ist aber schon lange her.« Tja, das gilt leider nicht. Sie gehören einem anderen Stamm an als ich, nämlich dem Stamm der »Überlebensesser«. Ich gehöre dagegen zum Stamm der »Genussesser«.

10 Fragen an einen Experten, der Ihnen sagen will, wie Sie abnehmen sollten:

> Hatten Sie selbst mal Übergewicht? Wie viel? (ab 10 Kilo wird es interessant)
> Wie haben Sie abgenommen? (Fragen Sie auch nach den Umständen, in welchem Alter, in welcher Lebenssituation).
> Wie lange hat das Abnehmen gedauert?
> Wie viele Rückfälle hat es in dieser Zeit gegeben?
> Wie halten Sie das Gewicht?
> Was ist der »Preis« fürs Schlanksein? Also, welchen Aufwand treiben Sie mit Essen, Bewegung, Meditieren, Fasten ...
> Seit wann ist Ihr Gewicht stabil? (Mindestens drei Jahre Stabilität gilt als »erfolgreich«.)
> Wenn Sie selbst gar nicht mit Ihrer propagierten Methode abgenommen haben, wer sonst?
> Seit wann ist deren Gewicht stabil?
> Können Sie kochen?

Wenn jemand diese Fragen nicht zufriedenstellend beantworten kann, sagen Sie: »Danke für Ihre Mühe. Aber sagen Sie mir nicht, wie ich abnehmen soll. Sie haben keine Ahnung.« Denn: Wie man abnimmt, wissen wir alle selbst. Wie man abnimmt und dann auf Dauer das niedrige Gewicht hält, das ist das Geheimnis.

Professor Hans Hauner vom Zentrum für Ernährungsmedizin der Technischen Universität hat laut Süddeutscher Zeitung[13] gesagt: »Diäten sind unter Fachleuten eindeutig out. Die Diät an sich ist ein Denkfehler ... Die meisten, die ihr Wunschgewicht erreicht haben, essen wieder wie vorher. Aber pro zehn verlorene Kilo geht auch der Kalorienbedarf um 300 bis 500 Kalorien pro Tag zurück.« Das heißt, Menschen nehmen ganz automatisch wieder zu, wenn sie wie vorher essen und ihre Ernährung nicht auf Dauer total umstellen.
Warum werden oder bleiben wir Dicken dick? Ich habe die verschiedensten Erklärungsmuster abgeklopft, die von Genen über schlechte Gewohnheit, fehlende Selbstliebe bis Todessehnsucht reichen.

Aus allen Antworten habe ich fünf Haupterkenntnisse zusammengefasst. Denn es gibt immer mehr als einen Auslöser fürs Dickwerden oder -bleiben. Seltsamerweise beginnen sie alle mit einem »T«. Sprechen Sie den Buchstaben mal kurz, knackig, ohne »ee«, also stimmlos: »T«. Das »T« hat etwas Abschätziges, ist Ihnen das aufgefallen? Wie »Tja«. Hier also die harten Tatsachen des Dickseins – die fünf »T«:

› Talent: Die Lizenz zum Essen
› Trotz: Ihr wollt mich dünn? Pah!
› Trance: Die Macht der Gewohnheiten
› Turbulenzen: Was Stress mit uns macht
› Traurigkeit: Ich habe doch alles versucht

Ich werde Ihnen das Thema T gleich präsentieren. Und Sie können für sich erforschen, ob Sie Bekanntes wiederfinden, Ahnungen bestätigt sehen, ob Sie bei dem einen Punkt energisch mit dem Kopf schütteln, »nee, echt nicht!«, bei dem einen oder anderen schlucken müssen, oder ob eine dieser Erkenntnisse Sie zum nachdenklichen Nicken bringt.

Eine Frage an alle »Amateure«, die Ihnen sagen wollen, wie Sie abnehmen können:

Immer wieder empfehlen uns Menschen die »todsichere« Diät: Keinen Salat nach 18 Uhr (»Der fault im Magen«), ab mittags keine Kohlehydrate mehr, nur noch Rohkost, Eiweißdrinks, Metabolik-Diät, Schlank im Schlaf ... – Stellen Sie den wohlmeinenden Menschen nur eine Frage: »Woher weißt du, dass diese Diät/Methode auf Dauer wirkt?«

Wechseln Sie freundlich das Thema, wenn Ihre Gesprächspartnerin sagt:
> Aus dem Fernsehen
> Aus dem Radio
> Aus der Zeitung
> Aus einer Frauenzeitschrift
> Aus einem Buch
> Von einer aus dem Fitnessstudio
> Hat mir eine Bekannte erzählt
> Hast mir eine Frau beim Arzt erzählt
> Meine Großcousine hat damit gerade 5 Kilo abgenommen
> Ich versuch das gerade auch mal

Glauben Sie mir, wenn es die *eine* wirklich wirkende Diät gäbe, hätte sie sich gegenüber allen anderen durchgesetzt, und es bräuchte nicht jeden Monat eine Neue. Logisch oder?

Hm, ja ... Nicht alles wird für alle zutreffen. Manches für manche. Und manches vielleicht auch nur für mich. Wie heißt es so schön im Lehrbuch für Persönlichkeitspsychologie[14]:
> In gewisser Weise ist jeder Mensch wie alle Menschen.

› In gewisser Weise ist jeder Mensch wie manche Menschen.
› Und in gewisser Weise ist jeder Mensch wie kein anderer Mensch.

Auf der Suche nach Gründen, also den fünf harten »T«, werde ich Ihnen alle meine Erkenntnisse zusammentragen, die uns Dicken helfen können, ein glückliches Leben ohne Selbstbestrafung und Selbstabwertung zu führen: Die liebevollen Lösungen sind fünf weiche »L«. Na, das klingt doch ganz anders, auch stimmlos gesprochen: »L«. Sinnlich, liebevoll, warm, wie in »Los!«. Ich werde Ihnen die fünf »L«-Lösungen vorstellen – Liebe, Lust, Leichtigkeit, Laben und Lachen. Freuen Sie sich schon einmal darauf. Aber erst einmal zu den harten Tatsachen, warum wir dick werden und/oder bleiben.

DIE FÜNF »T«, WARUM WIR DICK WERDEN

Talent: Die Lizenz zum Essen

Jedes Baby bringt schon bei der Geburt unterschiedliche Talente mit – Freundlichkeit, Sprachtalent, mathematisches Verständnis, Delegieren können, Tanzen, Fußballspielen, Sozialkompetenz, Schach. Genauso bringt es unterschiedliche Körpereigenschaften mit – auch wenn es noch rund und niedlich im Bettchen strampelt, so hat es schon alles dabei: große Füße, kleine Nase (oder umgekehrt); einsfünfundachtzig oder einsfünfundfünfzig Körpergröße; blaue Augen, braune Augen, grüne Augen, graue Augen. Blond, schwarz oder brünett, Locken oder keine. Frühlings-, Sommer-, Herbst- oder Wintertyp. Und: Körperbau, Zellen, Gehirn, Stoffwechsel, Geschmack. Übersetzen Sie das Wort Talent ruhig auch mit Genen oder Veranlagung.

Dicken wird oft vorgeworfen, dass sie sich auf Veranlagung herausreden, Sie seien »gute Essensverwerter« oder hätten »schwere Knochen«. Seit Jahren hauen uns die modernen Ernährungsexperten diese »Ausreden« um die Ohren. Nee, nee, da ist schon jeder selbst verantwortlich, ob er dick ist oder schlank, will man uns einreden. Ich bin wirklich überzeugt, dass wir vieles selbst in der Hand haben, dass wir uns nicht in die Opferrolle flüchten. Und doch, so zeigen viele Studien, ist nicht alles nur freier Wille.

Der internationale Gewichtsforscher, Professor Dr. Johannes Hebebrand, Leiter der Klinik für Psychiatrie und Psychotherapie im Kindes- und Jugendalter der Universität Duisburg-Essen, schreibt in seinem hochinteressanten Buch »Irrtum Übergewicht« über Zwillingsstudien eines amerikanischen Wissenschaftlers namens Albert Stunkard von der Universität von Pennsylvania, der herausgefunden hat, dass »dünne Kinder dünne Eltern hatten. Ein Zusammenhang zwischen dem Gewicht der Adoptivkinder und den nicht mit ihnen verwandten Adoptiveltern fand sich nicht ... Es muss einen bedeutsamen genetischen Einfluss auf das Gewicht geben. Stunkard schätzt diesen auf 60 bis 80 Prozent.«

Mediziner und Genetiker haben sich schon lange darüber Gedanken gemacht, wie hoch der Anteil des Erbguts beim Körpergewicht liegt. Der Ernährungsexperte Udo Pollmer schreibt in seinem Buch »Esst endlich normal«[15]: »Die Bandbreite der Schätzungen liegen zwischen 40 und 90 Prozent. Nach Berechnungen des Stanford-Genetikers Gregory Barsch und seiner Kollegen sind es 50 bis 90 Prozent. Stephen O'Raqhilly und seine Mitarbeiter aus Cambridge kommen auf 40 bis 70 Prozent; Johannes Hebebrand aus Essen und seine Koautoren geben 50 bis 80 Prozent an.«

Gunter Frank, der Arzt aus Heidelberg, beschäftigt sich ebenfalls seit vielen Jahren mit Stress- und Ernährungsberatung. In seinem Buch plädiert er dafür, Gewichtssorgen zu vergessen. Seine Hauptthese »Man wird nicht vom Essen dick!« Und seine zweite: »Stress macht dick«. Wir alle kennen den Ausdruck »Kummerspeck« und wissen, dass Lebenskrisen, Kummer, Sorgen und Verluste eine Gewichtszunahme nach sich ziehen können (dazu im Kapitel Turbulenzen mehr).

Besonders geißelt Frank den BMI, den Body-Mass-Index, der nach aktueller Lehrmeinung darüber entscheidet, ob jemand zu dünn, normal, zu dick oder fettsüchtig ist. Wie bildet sich der BMI? Körpergewicht in Kilogramm durch Größe im Quadrat. Beispiel: Jemand ist 1,70 groß und wiegt 85 Kilo, die Rechnung ergibt einen BMI von 29. Nach den gängigen Tabellen gilt dieses Gewicht schon als »adipös«, sprich fettleibig.

Was bedeutet das für denEeinzelnen? Private Krankenkassen schlagen einen hohen »Risikozuschlag« auf ihre Tarife auf (der Grund, warum ich immer noch pumperlgesund in der gesetzlichen bin). Mollige Beamtenanwärter/innen mit einem BMI von 26 werden nicht ins Beamtenverhältnis übernommen, da können sie sonst noch so kompetent, erfolgreich, zuverlässig und fleißig sein.

Gunter Frank dazu: »Es gibt Rundliche und Hagere. Das wird überhaupt nicht berücksichtigt. Eine kleine mollige Frau und eine große Hagere dürfen doch nicht über einen Kamm geschert werden! Menschen sind unterschiedlich! In allen Erfahrungsheilkunden – der Traditionellen Chinesischen Medizin, der indischen Ayurveda oder auch bei den alten Römern – wurden Menschen deshalb nie anhand von Durchschnittswerten beurteilt, sondern immer ihrem Körperbau entsprechend.«

In der Chinesischen Medizin gibt es beispielsweise den Fülle- und den Leere-Typ (raten Sie, welcher ich bin). Frank: »Ein Botaniker, der sich mit der Pflanzenvielfalt unseres Planeten beschäftigt, weiß dies und würde niemals auf die Idee kommen, eine ›normale‹ Pflanzengestalt zu definieren und Abweichungen davon als »unnormal« zu bezeichnen, sondern er spricht von ›Variabilität‹ und ›Diversität‹.«

Bis vor 100 Jahren war das Thema Übergewicht in der Medizin übrigens völlig unbekannt (wahrscheinlich weil nur wohlhabende Menschen dick waren). Interessanterweise stammt denn auch das Wort »Idealgewicht« nicht aus der Medizin, sondern von einer amerikanischen Versicherungsgesellschaft, der Metropolitan Life, die 1957 die BMI-Tabelle aufgestellt hat und seither allen, die nicht »normalgewichtig« waren, einen Zuschlag aufgebrummt hat. Ein gutes Geschäft bis heute – weltweit.

Der Mythos vom Vielfraß

Ich kann allen, die sich für die medizinische Sicht des Dick- und Schlankseins interessieren und wissen wollen, welche Rolle die Gene spielen, nur Franks Buch[16] empfehlen. Auf jeder Seite gingen mir die Augen auf. Ja, stimmt, ja, habe ich auch immer schon gedacht, ja, wie logisch.

Über Diäten schreibt der erfahrene Mediziner: »Unsere Fettpolster hängen also entscheidend von Geschlecht, Alter und Körperbau ab. Eine der größten Ernährungsstudien, die je in Deutschland durchgeführt wurden, die sogenannte VERA-Studie, konnte keinerlei Zusammenhang zwischen den aufgenommenen Kalorien und dem beobachteten BMI finden. Im Gegenteil: Es ist bekannt, dass Mollige oft weniger Kalorien zu sich nehmen als Schlanke.«

Offensichtlich gelten Franks Erkenntnisse weltweit. Professor Martin E. Seligman, Experte für Depressions- und Glücksforschung, ist einer der bekanntesten und angesehensten Psychologen in den USA. Ich habe ihn vor kurzem persönlich kennengelernt, nachdem ich seit Jahren seine Bücher[17] schätze. Martin Seligman ist der Begründer der Positiven Psychologie. (Einige hilfreiche Übungen zum Thema Selbstwert von ihm werden Sie später kennenlernen.)

Martin Seligman schreibt in seinem Buch »What you can change ... and what you can't«[18] unter anderem über die

Mythen, die sich um Übergewichtige ranken. Eine davon ist, dass Übergewichtige hemmungslos fressen. Seligman schreibt: »Es stimmt nicht, dass alle Übergewichtigen zu viel essen. Neunzehn von zwanzig Studien beweisen, dass Übergewichtige täglich nicht mehr Kalorien aufnehmen als Normalgewichtige ... Einem dicken Menschen zu sagen, dass er abnehmen würde, wenn er nur seine Essgewohnheiten ändern und ›normal‹ essen würde, ist eine Lüge. Gewicht zu verlieren und zu halten ginge nur, wenn dieser Mensch wesentlich weniger essen würde wie ein normalgewichtiger Mensch, wahrscheinlich für den Rest seines Lebens.«

Es ist eine Lüge, Übergewichtige hätten nur einen schwachen Willen.
MARTIN E. SELIGMAN

Seligman nennt das Gewicht »teilweise genetisch bedingt«. Und er schreibt: »Fettsein erleben wir als so schamvoll, weil wir Menschen verantwortlich für ihr Gewicht ansehen. Wir denken das, weil wir viele Menschen gesehen haben, die erfolgreich Gewicht verloren haben. Es geht also doch. Aber fast jeder kehrt irgendwann zu seinem Ausgangsgewicht zurück. Dein Körper hat ein natürliches Gewicht, das sich heftig gegen Gewichtsverlust wehrt. Und je mehr Diäten jemand macht, umso härter kämpft der Körper gegen die nächste Diät. All das führt zu der Lüge, Übergewichtige hätten nur einen schwachen Willen.«

Seligman betrachtet die Spezies Mensch ganz allgemein: »Der bewusste Wille kann eine Schlacht gegen das Gewicht gewinnen, aber niemals den ganzen Krieg.« Stärker als jeder Diätvorsatz der Einzelnen, so Seligman, wirke die biologische Abwehr der Spezies Mensch gegen das Verhungern.

Noch einmal: Der Wille der Einzelnen kann einzelne Schlachten gewinnen (heute Abend kein Nachtisch und auch kein Glas Wein; vier Wochen lang keine Süßigkeiten), aber nicht den Krieg. Der Körper wehrt sich gegen das Verhungern und legt sofort Rücklagen an, wenn er merkt, ab und zu wird die Versorgung unterbrochen. Wir nennen das Fettpölsterchen.

Das passt zu einem Beispiel von Gunter Frank: »Die Natur möchte eine möglichst große genetische Vielfalt innerhalb einer Art. Denn eine solche Vielfalt ist sinnvoll, damit eine ausreichende Zahl von Menschen eine extreme Lebenssituation, die extreme Anpassung notwendig macht, überlebt, um das Fortbestehen der Art zu sichern. Auch das ein gewichtiges Argument gegen ein für alle geltendes Normalgewicht.«

Martin Seligman konstatiert nach seinen intensiven Recherchen aller relevanten Studien über dick und dünn abschließend:

> Diäten helfen nicht.
> Diäten machen Übergewicht schlimmer, nicht besser.
> Diäten sind schlecht für die Gesundheit.
> Diäten können Essstörungen hervorrufen – Bulimie und Anorexie.

Seligman hält das Streben nach Dünnsein in den USA für eine Obsession, die schadet. Er fragt seine Leser/innen: »Wie oft denken Sie am Tag unzufrieden über Ihren Körper nach? Wenn Sie an einem Spiegel vorbeigehen? Wenn Sie etwas Leckeres essen und mehr davon wollen? Jedes Mal, wenn Sie Ihren dicken Bauch anfassen? Jedes Mal, wenn Sie hungrig sind? Fünf Mal? Wie oft denken Sie am Tag an Ihr Gehalt? Einmal? Ist Übergewicht wirklich so viel wichtiger als pleite zu gehen?«

Die Amerikanerin Marilyn Wann, die Autorin des amerikanischen Bestsellers »Fat!So?« mit dem Untertitel: »Weil Sie sich nie wieder für Ihre Kleidergröße entschuldigen müssen«, hat ein umwerfendes Wort für das Phänomen der Unterschiedlichkeit von Menschen geprägt: »Anatomie ist Schicksal. Manche Menschen sind Linkshänder. Manche Menschen sind dick. We come in different sizes!« Ja, wir kommen in verschiedenen Größen auf die Welt.

We come in different sizes.

Ein bisschen Genetik und Ahnenforschung gefällig? Schauen Sie mich an: Ich bin das kleinste von vier Kindern. Also nicht nur die Jüngste, sondern auch wesentlich kleiner als meine drei großen Brüder. Sie waren alle über 1,80. Bei mir hat es nur zu 1,63 gereicht. Und das trotz Schuhgröße 41. Warum? Ich bin ein Sondermodell. (Ein Freund hat mir mal liebevoll gesagt: »Du bist gar nicht zu dick, du bist nur zu kurz!« – Grrr!)

Bei mir haben sich offensichtlich eine kleine dicke Oma (Clara väterlicherseits) und ein kleiner dicker Opa (Rudi mütterlicherseits) durchgesetzt. Es gibt Fotos von meinen Vorfahren, da stehen kleine Damen in weiten Sack-Kleidern und komischen Hüten sehr entspannt im Garten. Und unter einem dieser vergilbten Schwarzweiß-Fotos stand im Fotoalbum meines Vaters »Drei Matronen«.

Ein Großteil meiner Ahninnen war klein und kompakt, »Matronen« nannte man damals erwachsene Frauen mit Speck um die Hüften. Ich liebe dieses Foto von meiner Großmutter Clara, die in den Dreißigerjahren mit anderen Frauen in kompakter Schönheit und lockeren Kleidern bei einem Familienfest zusammensteht. Sie musste sich nicht in die Figur eines achtzehnjährigen Mädchens hungern. Sie musste ihre

Pfunde nicht abtrainieren, sie war, wie sie war. Und die Kleider wurden ihr auf den Leib geschneidert – sie musste sich in keine Mode hineinhungern (darüber später mehr).

Ihr Sohn, mein Vater, war zwar ein stattlicher großer Herr, der im besten Mannesalter aber immer öfter etwas gegen den wachsenden Bauchumfang tun musste. Er behauptete, die Pfunde kamen immer, wenn er mit dem Rauchen aufgehört hatte. Mitte der Sechzigerjahre sagte im Schwimmbad eine Bekannte zu meinem Vater: »Na, du hast ja auch ganz schön zugelegt!«. Er ging, ohne ein Wort zu sagen, zum Kiosk, kaufte eine Schachtel Zigaretten und fing nach Jahren der Abstinenz wieder an zu rauchen. (Wie schade. Er starb 1972 mit 51 Jahren an Krebs. Ich war 19. Wie gerne hätte ich einen lebenden Vater mit Bauch gehabt.)

Meine Mutter war in jungen Zeiten 1,72 groß und hat, wie sie mir erst neulich wieder erzählt hat, ihr halbes Leben lang, ach ihr dreiviertel Leben lang Diäten gemacht (bis heute, sie ist jetzt 84). Ihr verdanke ich es, mit 13 Jahren in ihren Diätkreislauf aufgenommen worden zu sein (Sie wissen schon, Sauerkrautdiät ...).

Die vier Geschwister meiner Mutter haben ebenfalls Kinder, also meine zahlreichen Cousinen und Cousins. Unter meinen wunderbaren Cousinen gibt es drei, die exakt der gleichen Baureihe entstammen wie ich, man könnte uns »Das Kompaktmodell« nennen. Wenn Sie uns nebeneinander stellen, sehen Sie die Verwandtschaft sofort. Größe, Breite, Körperbau.

Jede hat schon alle Körperstadien erlebt: abgemagert und strahlend, missionarisch während einer Diät, wild entschlossen vor einer Diät, fülliger als je zuvor nach dem Rückfall, resignierend und sich selbst beschimpfend, allen Diäten abschwörend und immer wieder aufs Neue hoffend – diesmal wird's für immer sein. Wir sind uns übrigens auch in anderer Hinsicht ähnlich: in Sachen Humor. Wenn wir zusammensitzen, ist unser Lachen nicht zu überhören.

Gucken Sie sich doch mal alte Familienfotos an, Großeltern, Urgroßeltern, mütterlicherseits, väterlicherseits; gibt es da ein »Muster«, das Sie erkennen? In Ihrer Generation, sehen Sie da ähnliche Körperformen unter Cousinen? Wie hat sich die Figur von Frauen in Ihrer Familie mit dem Alter verändert? Sehen Sie Parallelen zu Ihrer Figur? Auch wenn Frauen ja oft »ganz anders« werden wollen als ihre Mütter, sehen Sie Ähnlichkeiten? Können Sie sich mit ihrer »Mitgift« versöhnen?

Die Frage stellt sich, was macht jetzt wirklich dick: Talent oder in der Familie anerzogenes Essverhalten? Ich sehe die ersten psychologisch geschulten Leser/innen das Haupt wiegen. Soll ich Ihnen etwas sagen: Es ist müßig, darüber zu diskutieren, ob Übergewicht Schicksal ist oder die Einübung schädlichen Essverhaltens. Fest steht: Es ist wie bei allen Talenten – sie müssen gefördert werden, um sich zu entwickeln. Eine geborene Pianistin braucht zumindest ein Piano, um ihr Talent beweisen zu können.

Auch das Talent zum Dickwerden muss gepflegt werden!

Das Talent zu rauchen habe ich im Gegensatz zu allen anderen in meiner Familie übrigens nicht geerbt (gerade fällt mir auf: meine kleine dicke Oma und mein kleiner dicker Opa haben auch nie geraucht). Gott sei Dank. Deshalb ist es mir unverständlich, warum Menschen qualmen, dass sie nicht aufhören können zu rauchen – wider besseren Wissens – oder sogar nach Jahren wieder anfangen, die Wahnsinnigen.

Wenn ich Nichtraucherberaterin wäre, würde ich den Rauchern wahrscheinlich sagen: »Es ist doch ganz einfach, Sie müssen nur aufhören wollen.« – »Ich habe auch schon mal in meinem Leben sieben Zigaretten geraucht. Aber ich habe sofort damit wieder aufgehört.« – »Ey, Rauchen ist doch voll widerlich und unästhetisch!« – »Also, ich weiß, wie's geht: einfach keine Zigarette mehr kaufen und keine anbieten lassen und keine anzünden. Das ist doch wohl nicht so schwierig!« (Nein, ich möchte nicht zynisch werden, aber so hört es sich in etwa an, wenn man Dicken den guten Tipp gibt, doch einfach weniger zu essen).

Bleiben wir beim Talent zum Dicksein – »We come in different sizes«. Denn das gibt es offensichtlich. Vor Kurzem fand ich im Wall Street Journal[19] einen ganzseitigen Bericht über zwei brandneue Studien von amerikanischen Wissenschaftlern, die mithilfe der Hirnforschung bewiesen haben, dass es (mindestens) zwei unterschiedliche Stämme von Essern gibt: Die »Überlebens-Esser« (Eating for Survival), also Menschen, die essen, um zu leben; und die »Genuss-Esser« (Eating for pleasure), die leben, um zu essen. Beide Studien haben bewiesen, dass bei Übergewichtigen der Sättigungsmechanismus durch das Anschauen von Fotos mit leckeren Sachen, ja sogar allein durch Hören des Wortes »Chocolate brownie« (Schokoladenkeks) außer Kraft gesetzt wird.

Die Macht der Schokoladenkekse

Die Psychologin Susan Carnell von der Columbia Universität hat zwei Gruppen von Frauen (normalgewichtige und übergewichtige) Fotos von süßen, fettreichen Speisen gezeigt. Das Hirn der Frauen wurde währenddessen computertechnisch gescannt. Und die Gehirne reagierten völlig unterschiedlich. Bei den normalgewichtigen Frauen, die vorher gegessen hatten, brachten die Fotos so gut wie keine Auswirkung auf die Hirntätigkeit. Gähn! Das nächste bitte.

Diese Gruppe Menschen werden im Zeitungsbericht »Survival Eater« genannt. Das sind Menschen, die nur essen, wenn sie wirklich Hunger haben. Und aufhören, wenn sie satt sind. Jetzt verstehe ich! Das sind diese wundersamen Menschen, die nach einem schönen Essen sagen, »Nö, ich möchte keinen Nachtisch, ich kann gar nicht mehr.«

Bei der Gruppe der Übergewichtigen, ebenfalls an sich völlig gesättigt, hätten die Hirnzellen bei den Leckerlecker-Fotos angefangen, Samba zu tanzen (deshalb Talent). Sprich: Obwohl sie völlig satt waren, signalisierte das Hirn: »Her damit. Ja, ich will.« Verantwortlich dafür sei eine Hirnregion, genannt die »Ventral tegmental Area« (VTA), die zuständig für Vergnügen und Belohnung sei, dort wird das als »Glückshormon« bezeichnete Dopamin hergestellt.

Essen, um zu leben – oder leben, um zu essen?

Ja, genau das sage ich doch immer, mein Dopamin schärft die Sinne: Ich kann süße Nachtische oder Kuchen nicht nur sehen, sondern auch riechen (ich bin eine Supernase). Ich kann hören, wie das Sahneteilchen mich ruft, und das Eis mit heißen Himbeeren in meinem Mund fühlen, sogar wenn nur jemand davon spricht. »Da läuft mir das Wasser im Mund zusammen«, heißt es schließlich auch. (Vielleicht haben Dicke einfach eine bessere Fantasie? Okay, das ist wissenschaftlich noch nicht bewiesen.)

Jedenfalls reagierten die Übergewichtigen in dem Experiment von Susan Carnell mit der sofortigen Ausschüttung von »Dopamin«, der »Freudedroge«. Und deshalb werden sie in dem Bericht als Genuss-Esser bezeichnet (»Eating for pleasure«), deren Hirn Verlangen signalisiert, wenn sie nur das Wort Kuchen hören: »Wo, wo?« Oder wie ich sagen würde: »Ein Eis geht immer noch rein!«

Ergänzt wird die Columbia-Studie von einem zweiten Forschungsergebnis, das von Neurowissenschaftlern an der Yale Universität berichtet worden ist. Auch dort hat man zwei Gruppen von Frauen verkabelt, um die Hirntätigkeit zu messen. Die Frauen hat man diesmal Schokolade und Erdbeer-Milchshakes riechen und schmecken lassen (meine Güte, allein beim Schreiben dieses Satzes läuft mir das Wasser im Mund zusammen).

Die übergewichtigen Frauen hätten, so die Wissenschaftler, »bei diesem Experiment alle starke Reaktionen im Mandelkern« (der Mandelkern ist ein Emotions-Zentrum im Gehirn). Die anderen Frauen nur, wenn sie hungrig waren. Was schließen die Forscher daraus? Bei übergewichtigen Frauen funktioniert das homöostatische System nicht, das für das Gleichgewicht von Reaktionen verantwortlich ist. Sprich, der Süßhunger übertönt das Sättigungsgefühl (bei Krautsuppe tanzen die Synapsen wohl weniger).

Was passiert normalerweise beim Essen? Wenn Magen und Darm voll sind, senden sie per chemische Botschafter dem Hirn, genauer gesagt dem Hypothalamus, die Anweisung: »Aufhören zu essen, können nichts mehr aufnehmen. Sind jetzt mit Verdauung beschäftigt.« Parallel und unterstützend dazu signalisiert das Hormon Leptin dem Normalesser-Hirn: »Die Fettaufnahme ist ausreichend – Essen einstellen.« Leptin wirkt wie eine Ess-Bremse, die Überfressen verhindert.

Allerdings nicht bei Übergewichtigen, wie die Forscher herausgefunden haben. In deren Hirn scheinen die Signale der Satt-Melder a) nicht anzukommen oder b) ignoriert zu werden. (»Ach halt die Klappe, Alter. Mein Lustzentrum ist noch nicht zufrieden. Da muss noch was Süßes nachkommen.« So oder so ähnlich stelle ich mir den Dialog vor.)

Und tatsächlich konstatieren die Forscher: »Übergewichtige Menschen haben weniger Dopamin-Rezeptoren, also kommen weniger Lustmelder an, sodass diese Menschen höchstwahrscheinlich weniger Befriedigung aus dem Essen ziehen und deshalb mehr davon wollen, sprich mehr essen.«

Bisher können sie allerdings nicht sagen, was zuerst da war: das Überessen oder das Unterversorgtsein des Hirns? Henne oder Ei? Wenn du mal dick bist, ist das fast einerlei. Und es bleibt die große Frage: Was ist normal? Reden wir von einer Gruppe von Menschen? Oder dem Durchschnitt? Wie wäre es, wenn Dicksein auch »normal« wäre?

Sehr beruhigend ist dazu eine Studie der Hamburger Gesundheitswissenschaftlerin Ingrid Mühlhauser, die schreibt: »Das Entscheidende, was nicht mehr weiterhin behauptet werden darf, ist, dass Übergewicht ungesund ist. Übergewicht ist gesund. Und deshalb darf man diese Menschen nicht moralisch unter Druck setzen, nicht diskriminieren, was immer wieder passiert in unserer Gesellschaft. Sondern man muss sie in Ruhe lassen. Diese Leute dürfen glücklich sein mit dem Gewicht, das sie haben.«[20]

Für mich eine klare Botschaft. Ich schätze, dass für 90 Prozent der Leserinnen dieses Buches damit die Angst vorm Dicksein weggewischt sein könnte. Sie müssen nicht abnehmen – jedenfalls nicht aus gesundheitlichen Gründen (in Ihr ästhetisches Empfinden will ich Ihnen nicht reinreden). Für uns andere, die sich in einem BMI-Bereich von über 30 bewegen, bedeutet das: Achte darauf, dass du ausreichend gesundes Essen zu dir nimmst, und beweg dich! Ansonsten musst du die Folgen deines Handelns tragen.

Gibt es ein Fett-Virus?
Forscher haben ein Virus entdeckt, das dick macht. Das Adenovirus 36, das bisher vor allem als Mitauslöser von Atemwegserkrankungen bekannt war, hat mehreren Studien zufolge Schuld daran, dass Menschen (vor allem an Brust und Bauch) zunehmen, indem es schlummernde Fettzellen auf Trab bringt. 30 Prozent der übergewichtigen Menschen tragen das Virus in sich.

Wer leichtes Übergewicht auf die Waage bringt, lebt länger und wird seltener krank. Das ist die Quintessenz eines Vergleichs von 42 seriösen Studien zum Thema Übergewicht und Gesundheit.[21] Die Gesundheitswissenschaftlerin Ingrid Mühlhauser aus Hamburg hat mit ihrem Team herausgefunden:
> Das, was man bisher als Übergewicht bezeichnet hat, ist eigentlich das Idealgewicht. Das ist nämlich das Gewicht mit der besten Lebenserwartung, also das gesündeste Gewicht.
> Es darf nicht mehr behauptet werden, Übergewicht ist ungesund.
> Wer einen kleinen Rettungsring und Hüftgold (Rubensform) hat, kann sich entspannt zurücklehnen. Sie leben länger und werden seltener krank als ihre dünnen Mitmenschen.
> Menschen im mittleren Lebensalter mit einem Body-Mass-Index (BMI) um 27 haben die besten Lebenserwartungen.
> Fitte Dicke sind zumeist gesünder als schlappe Schlanke.
> Mollige erholen sich schneller von Operationen, sind weniger anfällig für Infektionen und bei manchen Krankheiten ist ihre Prognose besser.
> Knochenbrüche werden mit zunehmendem Gewicht seltener.

› Sogar bei Menschen mit einem BMI über 30, die als fettsüchtig gelten, weisen 20 bis 30 Prozent ein unauffälliges Risikofaktorenprofil auf und haben wahrscheinlich kein erhöhtes Sterblichkeitsrisiko.

Warum schaffen es aber doch einzelne Übergewichtige abzunehmen und ihr Gewicht anschließend tatsächlich auch zu halten? Um das zu erforschen, mussten Wissenschaftler lange suchen, wie das Wall Street Journal schreibt. Es gibt nämlich nicht allzu viele. Was Hirnforscher herausgefunden haben, ist, dass diese Menschen das Talent der überdurchschnittlichen Willensstärke haben, um impulsives Essen zu kontrollieren und regelmäßige Bewegung in ihr Leben einzubauen. Oder, wie ein Forscher beschreibt: »Diese Menschen sehen ein einladendes Stück Kuchen und ihr Hirn reagiert wie das der Übergewichtigen: Wow, will ich haben! Aber der Impuls wird überlagert von Vernunft. Sie denken: Nein, ich bin auf Diät. Ich will nicht wieder fett werden. Ich werde mir dieses Vergnügen nicht gestatten.«

Sie sehen, es geht – bei einigen Menschen mit starker Selbstkontrolle. Vielleicht gehören Sie zu den wenigen mit dem Talent der außergewöhnlichen Willenskraft? Probieren Sie es aus.

Ich biete eine Wette an: Wetten, dass 90 Prozent aller Ernährungsberater, Health-Coaches und Esstrainer/innen zu den »Survival Eatern« gehören? Denen fehlt einfach diese kleine Schokolade im Mandelkern. Und die anderen zehn Prozent? Sind die vernunftbegabten Trotzdem-nicht-Esser.

Merken Sie etwas: Aus mir spricht der blanke Neid. Wie gerne wäre ich wie sie. Bin ich aber nicht. Ich brauche andere Erkenntnisse zum Glück. Also, schauen wir uns das zweite T an: Trotz.

Trotz: Ihr wollt mich dünn? Pah!

Wollen Sie wissen, warum dicke Frauen oft den Trotz eines dreijährigen kleinen Mädchens in sich tragen? Und warum der oft der Grund ist, warum sie nicht abnehmen? Sicher kennen Sie dieses Gefühl: »Ihr wollt mich dünn? Dann erst recht nicht!« Das nennt man Trotz.

Wie wird Trotz definiert? Bei Wikipedia: »Der Trotz empfindende und ausübende Mensch befindet sich dabei in einem Zustand des inneren, leicht auch äußeren Widerstandes gegen die menschliche Umwelt im Sinne der Selbstbehauptung. Es besteht immer auch eine latente Tendenz zum Abbruch der Kommunikation.«

Selbstbehauptung. Ja, damit kann ich etwas anfangen. Eine Erkenntnis hat mich vor ein paar Monaten fast aus der Wanne gehoben: Ich stand unter der Dusche, seifte meinen Alabasterkörper ein, meine Gedanken schweiften wieder einmal zu diesem Buch und insbesondere dahin, warum ich jetzt eigentlich wirklich dick bin. Klar, ein Stück Veranlagung, aber ich wusste immer schon, dass es etwas mit Trotz zu tun hatte, gegen meine Mutter, gegen die Gesellschaft, die mich (beide) dünn haben wollten.

Plötzlich traf mich ein Gedanke wie ein Blitz: Ich esse Männerportionen. Seit Jahren schon. Seit vielen Jahren. Ich trinke Bier wie ein Mann und esse Kuchen wie ein Mann. Ich hole mir einen Nachschlag wie ein Mann und esse alles auf wie ein Mann. Mein nächster Gedanke war: Ich stehe im Leben ja auch meinen Mann. Dann darf ich das ja wohl auch. (Trotz!)

Wissen Sie, was mir dann eingefallen ist? Männer haben einen höheren Grundumsatz als Frauen, sprich, sie können mehr »vertragen«. Das ist eine wirklich gesicherte wissenschaftliche Erkenntnis. Also, auch wenn ich esse wie ein

Mann, habe ich doch einen anderen Stoffwechsel als ein Mann, eine andere Muskelmasse, andere Hormone. Ich bin kein Mann. Was heißt das? Mit jeder Männerportion muss ich zunehmen!

Wer mich dünn haben will, ist mein Feind!

Woran erkennt eine Frau, dass ihr Mann einen anderen Stoffwechsel hat: wenn ein Paar gemeinsam beschließt abzunehmen. Selbst wenn sie völlig parallel ihre Essgewohnheiten ändern, nimmt der Mann meist sehr viel leichter ab als die Frau. Und das liegt eben am höheren Grundumsatz: Schon im Schlaf verbraucht ein Männerkörper mehr als ein Frauenkörper (vielleicht hilft Schnarchen? Nee, dann müssten manche Frauen ebenfalls gertenschlank sein).

Essen wie ein Mann. Essen, wie ich will. Mir nichts verbieten lassen. Und wer mich nicht mag, wie ich bin, ist mein Feind. Plötzlich spannte sich der Bogen des neun Monate alten »Bienchens«, das trotzig Brei ausspuckte (und dafür bestraft wurde) zur 57-jährigen Sabine, die immer noch so wahnsinnig trotzig ist, aber jetzt, wenn es ihre Rolle in der Gesellschaft betrifft. Mein halbes Leben habe ich dafür gekämpft, gleichberechtigt wie ein Mann zu sein. Und zwar erfolgreich gekämpft.

Beruflich wurde ich interessanterweise dafür belohnt, dass ich mir die gleichen Rechte wie Männer nehme, den gleichen Anspruch ans Leben habe, die gleiche Belastung und die gleiche Verantwortung wie ein Mann tragen kann. Ich bekomme die gleichen Honorare wie die bestbezahlten fünf Prozent Männer in meinem Beruf, werde in die gleichen Ämter gewählt wie die angesehensten Männer in meiner Branche, habe die gleichen Auszeichnungen bekommen wie einige herausragende Männer ... Und stand früher auf

Partys lieber mit den berufstätigen Männern zusammen und redete über Computer, Autos oder Fußball, als mit den Frauen, die fast den ganzen Abend über Kindererziehung und Diäten geredet haben.

Ja, ich führe ein Männerleben. Ich bin 150 Tage im Jahr unterwegs, kenne in den meisten Städten die Business-Hotels – und die Restaurants, in denen man nach 22 Uhr noch etwas zu essen bekommt. Denn ich bin nach meinen Vorträgen hungrig wie ein Bär. Kürzlich sprach mich eine Frau nach einem Vortrag an und sagte: »Wow, was Sie da auf der Bühne geleistet haben, Frau Asgodom. Fast zwei Stunden Vortrag. Ihre Power, Ihr Temperament, wie Sie uns zum Lachen gebracht haben. Ich habe mich keine Sekunde gelangweilt. Sie haben Kraft! Das entspricht ja einem Halbmarathon.«

Stimmt, dachte ich. Aber – warum nehme ich dann nicht ab? Vielleicht, weil Brainpower nicht so viele Kalorien verbrennt wie körperliche Arbeit? Aber das ist doch gemein! Wissen Sie, wie ich schufte auf der Bühne und schwitze wie ein Tier? Achtung, ich werde schon wieder trotzig.

Die Geschichte vom trotzigen Bienchen

Wie war das mit dem trotzigen Bienchen? Meine Mutter erzählt die Geschichte immer wieder mit sichtlichem Vergnügen. Deshalb darf ich sie hier auch erzählen: Ich soll als neun Monate altes Baby im Hochstühlchen mit meiner Familie am Esstisch gesessen haben. Es gab Krautsalat für die Großen, den ich auch essen wollte. Ich sollte aber Grießbrei bekommen. Den wollte ich nicht. Ich soll mich trotzig nach hinten geworfen haben. Worauf meine Mutter mich geschnappt, mir einen Klaps auf den Po gegeben und ins Bett gebracht hat. Als sie zurückgekommen ist, soll Klaus, der jüngste meiner drei großen Brüder, gesagt haben: »Wenn ich mal Mutter bin und du Kind, dann haue ich dich noch viel mehr.«

Iss deinen Teller leer!
Zum Kotzen!

Dieser Erziehungsversuch sagt natürlich etwas über die Kindererziehung der Fünfzigerjahre, man nennt sie auch »Schwarze Pädagogik«, er sagt aber auch etwas zu meiner »Sozialisation«. Der Wille wurde als Erstes beim Essen gebrochen. »Schrei ruhig, Kind, aber die vier Stunden bis zur nächsten Flasche sind noch nicht rum.« – »Iss das auf!« – »Iss das nicht!« – »Gegessen wird, was auf den Tisch kommt« – »Erst den Teller leer essen«. Ich bekomme beim Schreiben dieser Zeilen Gänsehaut am ganzen Körper. Und erinnere mich vor allem an die Linsensuppe. Die habe ich als Kind gehasst, und sie hatte schon eine kalte Haut, als ich immer noch am Tisch saß, weil ich aufessen sollte, es mich aber bei jedem Löffel würgte.

Zurück zu meinen drei großen Brüdern, die haben gefuttert wie die »Scheunendrescher«, wie meine Eltern immer stolz erzählten. Ich erinnere mich als Schulmädchen an Mittagessen, bei denen es Kartoffelpuffer oder Klöße gab – meine Brüder haben einen Wettbewerb daraus gemacht. Wer isst am meisten? Wer bricht den Rekord? Ich war einige Jahre jünger und schwer beeindruckt. Auch mit welcher Begeisterung meine Mutter in der Küche stand und für Nachschub gesorgt hat. Essen war super, viel Essen war das Ziel. (Über Essgewohnheiten und den Einfluss der Familie mehr beim nächsten »T« wie Trance.)

Iss, damit du groß und stark wirst!

Was ich damals gelernt habe: Essen und Kraft gehören zusammen. Meine Brüder waren immer stärker als ich, das musste am Essen liegen. Schließlich wurde uns Kindern auch ständig gesagt: »Iss, damit du groß und stark wirst!« (Das mit dem groß habe ich einfach nicht hingekriegt!)

Wenn meine Brüder mich ärgern wollten und mich festgehalten haben, hatte ich null Chancen: Befreien konnte ich mich aus den starken Armen nicht. Und ich erinnere mich heute noch an dieses Gefühl der Ohnmacht und der wilden Wut. Ich hatte nur zwei Möglichkeiten, mich zu retten: Laut »Muttiiiiii« schreien oder gleich beißen. Heute würde man sagen »zickig werden«. Da fällt mir ein, dass ich als kleines Mädchen Hippchen oder Zicklein genannt wurde (eine Hippe ist im Plattdeutschen eine Ziege). Aha. Auf jeden Fall, »stark werden« war mein großes Ziel. Wie ein großer Junge bzw. stark wie ein Mann. Tja.

Wie ein dickes Mädchen sich mächtig fühlte

Stark sein heißt, sich wehren können, niemandem ausgeliefert sein, unversehrt bleiben. Viele Frauen, die ich interviewt habe, haben mir diese »Vorteile« des Dickseins bestätigt. Dick gleich stark – das ist eine interessante Spur. Beispielsweise bei Steffi Denk, einer gefeierten Sängerin. Sie werden später mehr von ihr erfahren. Jetzt nur ganz kurz: Sie war schon als kleines Kind dick und sehr kräftig. In der Grundschule hat sie sich beim Armdrücken den Respekt der Jungs verschafft. Von da an war sie der Bodyguard für die Mädchen in der Grundschule, wie sie erzählt.

Beim Wechsel in die Hauptschule dachte sie: »Ich bin so stark, mir kann niemand was.« Im Bus zur Schule waren plötzlich wesentlich ältere Fahrschüler, die ihr das Leben schwer machten. Sie riefen: »Hey, du Fass, steig nicht hinten ein, dann kippt der Bus um«. Gröl. – Steffi tat so, als hätte sie es nicht gehört, aber das höhnische Gelächter brannte sich in ihre Seele ein. So ging es Tag für Tag.

Eines Tages hatte sie einen riesigen Schirm dabei, weil es regnete. Und eine »Scheiß-Stimmung«, wie sie selbst erzählt. Als der 13-jährige Wortführer der Bus-Quäler-Gang wieder anfing, sie zu ärgern, nahm die Elfjährige ihren Riesenschirm – »und dann habe ich ihn richtig verdroschen. Ich habe nicht mehr denken können, nur auf ihn eingehauen, bis er wie ein kleines Kind geheult hat.«

»Und jetzt halt die Klappe«, hat sie dem Burschen dann gesagt. Er und seine Freunde waren tatsächlich mucksmäuschenstill.

Steffi Denk: »Von dem Tag an war's gut. Die haben mich nicht mehr geärgert. Das hat mir Respekt verschafft. Ich erinnere mich gern daran, ich habe mich so befreit gefühlt, ja, mächtig!«

Was kann ein dickes Kind lernen? Sich ohnmächtig oder mächtig fühlen; jedes Lästern zu hören oder darüber hinweg zu hören; sich starke Freundinnen zu suchen oder Einzelgängerin zu werden; sich zur Dicken abstempeln zu lassen oder andere Talente, wie zum Beispiel Humor, zu entwickeln. Sich zu fügen oder trotzig zu werden, nach dem Motto: Euch zeig ich's.

Da passt der Frauenspruch aus den Achtzigern: Du bist nicht auf der Welt, um so zu sein, wie andere dich haben wollen. Ein richtiger Spruch, den ich auch gern anderen Frauen sage. Sollen die anderen sich nur wundern! Erst spät ist mir aufgegangen: Ich habe durch meine Trotzreaktionen nur einer geschadet – mir selbst.

*Du bist nicht auf der Welt, um so zu sein,
wie andere dich haben wollen!*

Ich wollte meiner Mutter trotzig zeigen, dass ich nicht dünn sein muss, um »eine richtige Frau« zu sein und einen Mann abzukriegen. Hah! Na gut, fett zu werden war nicht die geschickteste Möglichkeit. Meine Mutter wohnte immer weit entfernt, 23 Jahre lang sogar in Spanien, und hat mich vielleicht gerade zwei Mal im Jahr gesehen. Also, wen habe ich tatsächlich bestraft? Mich selbst.

Ich wollte trotzig »der Gesellschaft« zeigen, dass man auch als Dicke erfolgreich sein kann. Ja, das habe ich geschafft. Schaut: Ich bin dick, aber klug, aktiv und tüchtig. Wer ist schon »die Gesellschaft«? Ich habe den Preis gezahlt, einen hohen Preis. Dick sein als politische Aussage ist ein fragwürdiges Mittel.

(Vielleicht kennen Sie die Aussage: »Fett ist das gelebte Nein«. Sprich, die Frauen sind dick, die sich gegen Männer schützen wollen. Die also das Nein bereits in ihre Figur gepackt haben. Also, ich weiß nicht. Wenn es so ist, dann wird es Zeit, dass Frauen »nein« sagen lernen, klar und deutlich. Doch dazu später mehr.)

Die Öffentlichkeit interessiert sich jedenfalls überhaupt nicht für meine tägliche tapfere Beweisführung. Im Gegenteil: Dicke darf man immer noch öffentlich diskriminieren und beleidigen. Man darf sie im Fernsehen vorführen und man darf ihnen Charakterschwäche und Labilität unterstellen, sie in die Nähe von Fixern und Spielsüchtigen rücken. Die Grünen-Politikerin Renate Künast äußerte sogar öffentlich ihr Unbehagen über »Bäuche, die sich in unseren Alltag drängen«.

Dicke sind die Sündenböcke der Nation.

Dicke sind die Sündenböcke der Nation. Sie haben die Raucher abgelöst. Sie sind verantwortlich für den Zusammenbruch des Gesundheitssystems. Wie einfach man Feindbilder schaffen kann! Und, wie gesagt, nach einer neuen Studie sind sie sogar schuld am Klimawandel. Sie lachen? Zwei britische Forscher haben den Nahrungs- und Spritverbrauch einer dicken im Vergleich zu einer schlanken Gesellschaft berechnet. Und wie heißt natürlich die Überschrift einer Pressemeldung über diese News? »Dicke als Klimakiller«.

Mehr Körpergewicht sei gleichbedeutend mit mehr essen, so das Kernargument der Studie. Das heißt, das Klima wird von den pupsenden Kühen zerstört, die die fleischfressenden Dicken vertilgen. Dicke als Ursache der Erderwärmung. Da muss man erst einmal draufkommen. Dazu komme der höhere Spritverbrauch, da Dicke auch faul seien und ständig mit dem Auto herumführen. Dr. Phil Edwards erläuterte die Ergebnisse in der Zeitung »The Sun« so: »Ein schwergewichtiger Körper ist wie eine Benzinschleuder!« So einfach ist das. Die Hatz auf Dicke ist eröffnet.

Angst macht die Gesellschaft dick

Wenn die Behauptung wirklich stimmt, dass es immer mehr dicke Menschen in Deutschland gibt, wundern wir uns eigentlich, dass Menschen in diesen Zeiten immer dicker werden? Zeiten, die Menschen in Unsicherheit stürzen, die ihnen Angst vor der Zukunft machen? Angst, Unsicherheit und Stress machen auch dick, das haben viele Studien bewiesen. Die Angstmacher – und damit Dickmacher – kommen aus den verschiedensten Ecken:

› Politiker machen dick. Sie kürzen Elterngeld und Hartz IV. Sie lassen Zeitarbeit und Mini-Löhne zu. Sie propagieren, dass die soziale Hängematte zu weich ist und andere Zeiten kommen müssen. Sie entlasten die Reichen und belasten die Armen überdurchschnittlich (Stichwort Kopfpauschale). Darüber hinaus bezeichnen sie Übergewicht als Seuche und überlegen, wie sie Dicke bestrafen können.

› Ernährungswissenschaftler, oft im Auftrag von Pharmakonzernen, machen dick. Sie sagen den Menschen, dass so, wie sie bisher gegessen haben, alles falsch war. Sie unterstützen eine Gesundheitspanik, die Angst macht. Die Unsicherheit, was man heute überhaupt noch essen kann, greift um sich. Pharmakonzerne haben großes Interesse, dick zu machen. Dann können sie auch Mittel verkaufen, die (angeblich) dünn machen.

› Das Schulsystem macht dick. Schon Grundschülern wird Stress wegen des bevorstehenden Übergangs in höhere Schulen gemacht. Viele Kinder fürchten sich schon mit sieben oder acht Jahren vor den Anforderungen der Schule. Ein Drittel aller zwölf- bis 17-jährigen Schüler nimmt einmal wöchentlich Medikamente gegen Schulstress und Leistungsüberforderung, meldete die DAK. Mehr als 60 Prozent der Jugendlichen klagen über Erschöpfung und Stress, so das Ergebnis einer Studie »Young is beautiful?« der Gmünder Ersatzkasse (GEK). Tendenz steigend. Lehrer prophezeien Hauptschülern, dass sie auf der Straße landen werden.

› Unternehmen machen dick. Sie bilden immer weniger junge Menschen aus und stellen, wenn möglich, Mitarbeiter nur noch mit Zeitverträgen ein. Niemand kann mehr sicher sein, nächstes Jahr noch einen Arbeitsplatz zu haben. Die Zahl der Mini-Jobs steigt, mit negativen

Auswirkungen auf die Altersvorsorge von Menschen. Angst begrenzt Lohnforderungen und das Selbstbewusstsein von Mitarbeitern, wie praktisch.
› Medien machen dick. Fernsehsender zeigen den ganzen Tag bedrohliche Situationen in Nachrichtensendungen. Im Vorabendprogramm (auch im Öffentlich-Rechtlichen) werden zur Unterhaltung Unfälle, Überfälle und Ausfälligkeiten von Menschen genüsslich-schaudernd gezeigt. Aber viel mehr noch in Serien: den ganzen Abend Krimis mit Vergewaltigungen, Morden, Kindsentführungen, Missbrauch, Verschleppung, Katastrophen, Bandenkriege, Krieg. Angst verkauft sich gut. Und macht dick.

Ich bin keine Wissenschaftlerin. Ich kann das nicht beweisen. Aber ich kann Anregungen zum Nachdenken geben. Überlegen Sie doch einmal: Wen treffen die Angstmacher am häufigsten? Auf welche Bevölkerungsschicht hat dies alles die größten Auswirkungen? Auf:
› Menschen ohne gute Bildung/Ausbildung;
› Menschen, die auf staatliche Hilfe, sprich auf Solidarität, angewiesen sind;
› Menschen, die ihre Arbeit schon verloren haben oder Angst um ihren Arbeitsplatz haben müssen;
› Menschen, die viel fernsehen;
› Menschen, die Kinder haben;
› Menschen, die arm sind;
› Menschen mit Migrationshintergrund.

Und diese Gruppe von Menschen nennt man – »Unterschicht«. Dicksein als Unterschichtenproblem – so wird es doch beschrieben. Nur ist es ja sehr viel einfacher, den dummen »Unterschichtsmenschen« zu unterstellen, dass sie sich, faul vor dem Fernseher hockend, mit Fastfood

> dick fressen. Das kommt gut an bei den aufgeklärten Bildungsbürgern.
>
> Übrigens: Eine neue Studie sieht Deutschland auf dem 16. Rang unter europäischen Ländern, was das Glücksgefühl seiner Bewohner betrifft. Ich kann mir vorstellen, dass die grassierende Unsicherheit viele (junge) Menschen dick werden lässt. Und wenn wir da etwas verändern wollen, müssten wir den Menschen dann nicht mehr Sicherheit geben? Diese Frage würde ich gern diskutieren.

Manchmal überlege ich, ob ich vielleicht nicht nur übergewichtig, sondern auch übersensibilisiert und übelnehmend bin, und dann wird mir wieder so ein Dokument aus dem Internet geschickt, das meinen Eindruck verstärkt – zum Beispiel der Eintrag eines Bloggers in einem Bodybuilder-Forum vom 28.7.2010:

»Irgendwie merk ich wie ich immer oberflächlicher werde, vor allem wenn ich irgendwelche dicken Leute (vor allem dicke Frauen) auf der Straße seh bekomm ich schons kotzen.. denk mir f***** s***** schwein oder ähnliches ... im Schwimmbad Strand isses eh noch schlimmer, da merk ich wie ich innerlich richtig aggro werd obwohl ich sonst eigentlich voll der ruhige bin ...«

Ich denke, der Schreiber sollte mal ein bisschen weniger von den Muskelaufbaupräparaten nehmen, die das Hirn schrumpfen lassen.

Nein, im Ernst, ich habe keine Lust mehr, dass Dicke
> zum Spielball für die Nahrungsmittel- und Pharmaindustrie, für Diätunternehmen, Ärzte und Ernährungsberater werden;

› in Boutiquen (Größen), Restaurants (Stühle) und Fluglinien (Sicherheitsgurte) gezeigt bekommen: »Wir wollen Sie hier nicht!«;
› von dünnen Frauen als Spiegel-Folie benutzt werden, an der diese ihr eigenes Selbstbewusstsein steigern;
› von Politikern für ihre Profilierungssucht missbraucht werden, egal ob es um das Verbot von Fastfood für Kinder oder Strafbeiträge für Dicke in der Krankenkasse geht;
› Disziplinlosigkeit, Faulheit und Unterschichtenmentalität unterstellt bekommen;
› im Fernsehen, im Internet oder auf der Straße als fette Kuh beschimpft werden.

Und ich habe die Nase voll, dass Dicken Stress gemacht wird, das beginnt schon bei den kleinen Kindern. Kinderlärm und Kindergärten in Wohngegenden werden verboten. Sportunterricht und Toben auf dem Schulhof werden verboten. Mütter, deren Kinder nicht der Norm entsprechen, werden beschimpft. Gleichzeitig lässt der Gesetzgeber zu, dass Nahrungsmittel aus minderwertigen Rohstoffen und Chemie hergestellt werden (Klebefleisch – falscher Käse!).

Immer mehr Kinder werden superdick, so schallt es aus den Medien, von Gesundheitsprofis. Zahlen beweisen, das stimmt überhaupt nicht. Aber selbst wenn es so wäre, es würde mich auch nicht wundern. Als ich Kind war, haben wir den ganzen Tag draußen gespielt, auf der Straße Büchsenwegtreten, auf der Wiese Pferdchen. Im Garten haben wir Ball gespielt und mit Stöcken gekämpft, sind beim Räuber-und-Gendarm-Spielen gerannt, sind stundenlang über die Stoppelfelder gezogen, haben uns in Schneeballschlachten geschlagen und ...

Nochmal, wo können Kinder sich heute austoben? Vorm Fernseher? Im Internet? Im Ikea-Kinderparadies? »Nicht so wild, Kevin-Maurice!« Später als Erwachsene können sie sich ja wenigstens selbst im Erwachsenenparadies abgeben, im Fitness-Studio, dieser Neuzeit-Attraktion für Börsenteillesende Workaholics.

Im TV wird in Model-Shows Magersucht als Körpermodell propagiert. Eine ganze Generation junger Frauen wird mit menschenverachtenden Shows gequält, junge Frauen, die sich und ihren Körper hassen lernen (immer mehr junge Männer übrigens auch). Nach dem aktuellen Mikrozensus in Bayern sind *13 Prozent der 18- bis 19-jährigen Frauen untergewichtig!* 2005 waren es unter 3 Prozent! So wird das Selbstwertgefühl junger Mädchen und Frauen, ihre Selbstliebe, ihre Lebensfreude und ihr Gefühl dafür, was wirklich wichtig ist im Leben, zerstört! Hört auf damit!

Magersucht ist die tatsächliche Gefahr, 100 000 Frauen in Deutschland sind magersüchtig, 15 Prozent von ihnen sterben![22] Das sind 15 000 junge Frauen! Dazu kommen 600 000 Bulimikerinnen, also Frauen, die das Essen erbrechen, nur damit sie nicht dick werden, viele von ihnen werden krank. Wo sind die Politiker, die dagegen angehen? Wo die Bürgerinitiativen, die für das Leben ihrer Töchter und Schwestern kämpfen? Wo ist der Aufschrei?

Wo sind die emanzipierten Journalistinnen, die sich gegen den Mode-Terror mit gesichtslosen Hungerkörper-Mädchen auf den Laufstegen wehren? Heimlich retuschieren sie ihren Titelbildern Hüften hinzu, weil die Mädels so dürr sind, dass selbst sie es nicht mehr als schön empfinden. Aber sie lassen es zu, dass die Vorführkleider von Modemachern (und ich bin sicher – Frauenhassern) in Extrem-0-Größen zugeschnitten werden. Wo bleibt der Protest?

Stattdessen wird die Hexenjagd auf die Dicken eröffnet. Das ist Körper-Faschismus! Meinungsmacher in dieser Gesellschaft: Ihr habt euch die neuen Untermenschen gewählt – die Dicken, die man drangsalieren kann und die einem das tolle Gefühl vermitteln, etwas Besseres zu sein. »Untermenschen«, weil diese Tendenz Menschen gestattet, auf andere hinabzuschauen, die nach offizieller Meinung noch weiter unten stehen als sie selbst.

Schluss mit der Hexenjagd auf Dicke!

Ihr ruft die Religion der Schlankheit und Gesundheit aus. Das moderne Goldene Kalb sind goldene Turnschuhe, um die Ihr herumjoggt. Ihr erzeugt mit der neuen Gesundheitsreligion Massen von Sündern, auf die ihr herabsehen und die ihr gleichzeitig missionieren könnt. Und ganz nebenbei ist es ein tolles Geschäft!

Heulend schreibe ich diese Zeilen. Aber ich habe es satt, ständig beweisen zu müssen, dass man auch als Dicke ein Mensch ist! Glücklich sein kann! Wertvoll für die Gesellschaft ist!

So, Nase geputzt und durchgeatmet. Ich lese die letzten Absätze noch einmal. Ja, genauso wollte ich es schreiben. Genau den Finger in diese Wunde legen. Plötzlich wird mir eins klar: Ich habe keine Lust mehr, im stillen Protest gegen die Diskriminierung von Dicken irgendwann zu platzen. Deshalb habe ich mich entschlossen, dieses Buch zu schreiben. »Doktor, friss deine eigene Medizin«, sagt mein Mann, wenn er meint, »du weißt doch, was richtig ist. Du sagst es doch den anderen auch.« Okay! Wie Sie wissen, arbeite ich ja schon seit Jahren als Trainerin und Coach. Und was sage ich anderen immer: Natürlich haben wir als Kinder eine Menge Gebote und Verbote bekommen. Wir können uns fügen, wir können trotzig sein, oder wir können erwachsen und souverän handeln. (Warum hört man sich nur so selten beim Reden zu?)

Von der Barbiepuppe zur Trotzgurke

Manche Frauen sind trotzig, weil man dem kleinen Mädchen gesagt hat: Sei lieb. Manche sind trotzig, weil man ihnen gesagt hat: Sei bescheiden. Manche, weil man ihnen gesagt hat: Das kannst du nicht. Manche: Sei vorsichtig. Oder: Halt den Mund.

Es gibt tausend Gründe, trotzig zu reagieren. Ich kenne eine Frau, nennen wir sie Doris, die läuft, seit sie 15 ist, in »Kutten« herum, also in überweiten Klamotten überwiegend in Schlammfarben. Und warum? Weil ihre Mutter sie bis dahin herausgeputzt hat wie eine Barbie-Puppe. Doris ist ständig auf der Hut, mag sich nicht anpassen, wechselt alle zwei Jahre ihren Job, will sich bloß nicht verbiegen. Ähnlich geht es ihr mit der Liebe. Der Trotz hat sie auch heute mit Mitte 40 noch voll im Griff – sie nennt sich selbst eine »Trotzgurke« –, und er raubt ihr leider immer wieder gute Chancen, die sie hat. Doris schlägt auf die Hand, die sich ihr entgegenstreckt. Bloß nicht abhängig werden von jemandem.

Eine andere Frau, nennen wir sie Franziska, ist, bis sie Ende 30 war, nicht aus ihrem Trotz-Speck herausgekommen. Neulich hat sie mir erzählt, dass ihre Mutter ihr jedes Jahr zu Weihnachten wunderschöne Designerkleider geschenkt hat, die aber immer zwei Nummern zu klein waren. Und die Mama hat jedes Jahr mit unschuldigem Augenaufschlag versichert: »Liebling, dieses Jahr schaffst du es bestimmt abzunehmen. Guck mal, es gibt so schöne Sachen.« (Man kann das wohl Designerfolter nennen.) Erst vor Kurzem hat Franzi sich getraut, ihrer Mutter zu sagen: »Hör damit auf. Setz mich nicht unter Druck. Es ist meine Sache, wie dick oder dünn ich bin! Und außerdem kaufe ich mir meine Klamotten selbst.«

Und Margarete hat als Jugendliche von ihrem Vater ständig gehört: »Du hast einen Hintern wie ein Brauereipferd!« Seither trägt sie nur noch schwarz, 26 Jahre lang schwarz. Schwarze Hose, schwarzer Rock, schwarze Bluse, schwarzes T-Shirt, schwarze Jacke, die über den Brauereipferdhintern fällt. Denn schwarz macht bekanntlich schlank.

> *Es ist das Herz ein trotzig und verzagtes Ding; wer kann es ergründen?*
>
> JEREMIAS, 17,9

Wir Frauen im ewigen Trotzalter haben meist sehr feine Antennen dafür: wer ist auf meiner Seite, wer ist gegen mich? Und wir machen uns das Leben oft selbst schwer. Wir nehmen harmlose Bemerkungen übel, unterstellen anderen böse Gedanken. Nie werde ich eine Situation vergessen, die 20 Jahre zurückliegt. Ich hatte bei der Vorstellung meines ersten Buchs im Büro einer Freundin in einer offenen Tür gestanden, zwei Stufen hoch, damit die Gäste mich alle sehen konnten.

Nach meinem Vortrag kam eine Frau auf mich zu und sagte begeistert: »Frau Asgodom, war das schön. Nein, wie Sie den Türrahmen ausgefüllt haben!« Ich wäre fast zusammengebrochen. »Den Türrahmen ausgefüllt ...« Oje, wie peinlich! Was die Besucherin als Kompliment gemeint hatte, kam bei mir als Beschämung an. Ich habe viele Jahre gebraucht, um mein Misstrauen abzubauen und ernst gemeinte Komplimente und direktes Lob annehmen zu können. Na ja, zu 90 Prozent, sagen wir mal.

Ja, Dicke sind empfindlich.
Sie haben eine dünne Haut.

Mir fällt ein Rückfall ein: Vor vier Jahren habe ich mich eine Zeit lang von einer klugen, warmherzigen Therapeutin coachen lassen. Ich lebte allein, brauchte jemanden, dem ich mein Herz ausschütten konnte. Irgendwann war auch mein Gewicht und meine fehlende Selbstliebe Thema.

Wir haben gute Gespräche geführt, ich habe eine ganze Menge Verletzungen »heilen« können, wofür ich ihr heute noch dankbar bin. (Der Zettel »Ich bin attraktiv«, den ich in einer Coachingstunde aufschreiben musste, hing zwei Jahre lang in meinem Badezimmerschrank, bis ich meinen heutigen Mann kennenlernte und dachte: Was soll der blöde Zettel? Das weiß ich doch!)

Aber dann ist etwas geschehen, worauf ich das Coaching von einer Stunde zur anderen abgebrochen habe. Ich glaube, mein Coach weiß bis heute nicht, warum ich nie wieder zu ihr gekommen bin. Es ist Zeit, es ihr zu erzählen. Denn diese Situation läuft in meinem Kopf immer wieder wie ein Film ab, live und in Farbe.

Hier für Sie die Kurzfassung: Ich kam in die Coachingstunde und erzählte, dass es mir in der vergangenen Woche wieder nicht gelungen war, weniger zu essen.

Und sie sagte: »Ach, Frau Asgodom, das schaffen Sie schon noch!«

Das war leider der falsche Satz.

Warum der falsche? Ich zog mich in mein Dicken-Schneckenhaus zurück und dachte verbittert: »Also doch, sie ist also auch auf deren Seite.«

Die – das waren: meine Mutter, die Abnehmgruppen-Leiterinnen, Freundinnen, die mir Diätrezepte schicken; Frauen, die blöde Bemerkungen machen; Frauenzeitschriften mit ihrem künstlichen Frauenbild und den passenden Diäten; Fernsehen, Werbung, Politik, Gesellschaft, diese ganze dickenfeindliche Welt da draußen.

Was hätte ich mir von meinem Coach, erwartet? Dass sie auf meiner Seite steht. Diesen Satz hätte ich erwartet: »Das macht doch nichts, Frau Asgodom, Sie sind okay, wie Sie sind.« Aber der kam nicht.

Jetzt denken Sie vielleicht, mein Gott, ist die empfindlich. Ja, das bin ich. Wollen Sie wissen, wie sehr? Ein Vergleich: Haben Sie sich schon mal die Fersen in neuen Schuhen aufgerieben? Erinnern Sie sich an die irrsinnigen Schmerzen, die Sie bei jedem Schritt hatten? Tagelang konnten Sie keine festen Schuhe anziehen. Dann heilt die Wunde langsam, eine neue dünne Haut bildet sich. Erinnern Sie sich auch noch, wie lange so eine Ferse empfindlich ist? Stellen Sie sich vor, jemand würde jetzt mit einer Nadel da hineinstechen. Autsch.

So ähnlich fühlt sich die Seele einer Dicken an, wenn sie getroffen wird, empfindlich, wund. Ich glaube, die meisten Dicken sind extrem dünnhäutig und tun alles, damit es niemand sieht. Vielleicht essen sie sich deswegen ein »dickes Fell« an (eine entsprechende Studie gibt es meines Wissens leider noch nicht).

Okay, genug Dramatik. Hier eine kleine Geschichte, die auf einem anderen Weg Verständnis wecken soll – für Frauen, die anders sind, als die gesellschaftliche Norm es verlangt:

Wenn es anders wäre ...

»Wir schreiben das Jahr 2020. Bianca, 33, steht in der Umkleidekabine eines Designershops und ist total verzweifelt. Es passt einfach nichts. Vorhin dieser abschätzende Blick der Verkäuferin, Bianca kennt ihn schon, diesen Scanner-

blick, vom Kopf an ihrem Körper herunter zu den Füßen und wieder hinauf. Und dann dieses blasierte, abfällige Lächeln, diese hochgezogenen Augenbrauen, dieser leicht angeekelte Mund, dieses affektierte Augenverdrehen: »Was will die denn hier?«

Ich kann doch nichts für meine Figur, möchte Bianca rufen, ich hab doch wirklich alles versucht. Wie viele Diäten hat sie ausprobiert, wie viele Ratgeber gelesen: »Wege zum Traumgewicht«, »Schön im Schlaf«, »Nie wieder Hunger leiden«, »Schlemmen zur Traumfigur«. Alles Lüge, denkt Bianca. Die führen uns doch alle an der Nase rum.

Und dann diese Frauenzeitschriften. Die schönsten Frauen in den heißesten Kleidern auf den Titelseiten, die jeden Mann bekommen, erfolgreich im Beruf sind und dann auch noch bildschöne pausbäckige Kinder im Arm haben. Es ist so ungerecht! Klein und hässlich fühlt sie sich daneben. Genauso die Werbung: Fotos von strahlenden Models, wohin du gehst, traumhafte Haut, tolle Maße, super Ausstrahlung. Daneben muss sich eine Frau wie Bianca wie ein Aschenputtel fühlen. Bianca trägt Größe 36. Und das wird im Jahr 2020 bestraft.

Bianca ist einfach zu dünn, seit die Gesellschaft Frauen mit üppigen weiblichen Rundungen zum Schönheitsideal erklärt hat! Sie ist aus dem Fokus gefallen, weil plötzlich Dick das neue Dünn geworden ist. Und sie schafft es einfach nicht, dicker zu werden. Sie hat wirklich alles versucht. Sie ist eine Versagerin! Und sie hasst sich dafür.«

Das ist natürlich reine Fantasie. Nein, keine Angst, oder besser, keine vorschnelle Hoffnung, so schnell wird sich die Mode nicht drehen. Die Geschichte zeigt nur, dass Körper und Gewicht zum Spielball werden, wenn die Gesellschaft, sprich Medien und Meinungsmacher, sich auf ein Idealbild einigen. Und wehe, du entsprichst diesem Bild nicht.

In einer Werbeanzeige von 1912 konnte man etwas anderes lesen. Es werden Nahrungsergänzungsmittel für »magere, knochige« Frauen angepriesen. Aus der Anzeige: »Sargol ist eine Offenbarung für alle Frauen, die wegen ihrer Eckigkeit niemals anmutig sind, mögen sie auch anziehen, was sie wollen. Alle Männer sind Liebhaber einer schönen Figur. Drum heraus aus der Klasse der Vogelscheuchen.«

Das ist gerade mal hundert Jahre her. Übrigens: In den USA wurden die Gründer der Sargol Company, Wylie B. Jones und Herbert E. Woodward, 1917 wegen Betrugs verurteilt.[23] Das Gerichtsverfahren dauerte zwölf Wochen und es wurden 200 Zeugen gehört. Die Verurteilten hatten mit ihrem Anti-Dünn-Mittelchen 1200 Dollar pro Tag verdient!

Der Kummer um die Figur war also immer schon ein Feld für Geschäftemacher. Es ist Zeit, dass wir Frauen uns tatsächlich befreien – und unser eigenes Körperbild entwickeln, die Souveränität über unsere Lebensweise und unsere Ernährung zurückgewinnen. Das heißt, vom Trotzalter ins Alter der Selbstbestimmung wechseln. Wie das geht, dazu kommen wir bei den »L«-Lösungen. Jetzt geht es erst mal weiter mit möglichen Ursachen des Dickseins. Das dritte »T« steht für Trance, sprich Erziehung, Gewohnheit, Trott.

Trance: Die Macht der Gewohnheiten

Ich verrate Ihnen ein Geheimnis: Ich habe genauso Vorurteile gegen Dicke wie die meisten anderen Menschen auch. Ich will es nicht, aber sie sind tief in meinem Hirn vergraben. Und tauchen reflexartig auf, wenn ich einen dicken Menschen sehe. Das hat mit Gewohnheit zu tun. Was wir einmal gelernt haben, sitzt. Was das mit Dicksein zu tun hat, erfahren Sie in diesem Kapitel.

Ich saß heute früh mit meinem Mann im Hotel beim Frühstück, da geht ein ziemlich dicker Mann mit einem vollen Teller vom Buffet an uns vorbei auf die gut besetzte Terrasse. Wir schauen ihm nach. Fünf Minuten später trägt ein Ober ein Glas Weißbier hinaus, und ich sage spontan: »Bestimmt ist das für den Dicken.« Und schäme mich gleich darauf. Himmel noch mal, da schreibe ich ein Buch über Vorurteile gegen Dicke. Und dann denke ich selbst so. Mein Mann will es wissen, er geht hinaus und kommt gleich darauf grinsend wieder herein. »Bingo!«, sagt er, »du hast recht gehabt.«

Ja, manchmal essen und trinken wir Dicken ordentlich, okay, sagen wir üppig. Manchmal sind wir wie in Trance, wenn wir essen, greifen, ohne nachzudenken, zu Schokolade oder Kuchen. Denken nicht mehr daran, dass wir nur einen Riegel Schokolade oder nur zwei Kekse essen wollten, und werfen später beschämt die leere Packung weg. Wir »vergessen«, dass wir ja eigentlich am Abend nichts mehr essen wollten. »Vergessen«, was wir tagsüber so alles in uns hineingefuttert haben. Nehmen eine zweite Portion, essen den Teller leer, obwohl es gar nicht so super schmeckt.

»Und das ist alles Gewohnheit«, behauptet mein Mann, Siegfried Brockert, »übrigens auch bei Dünnen!« Er vertritt die Meinung, dass das Nachgraben nach seelischen Ursachen fürs Dicksein wenig bringt. Zum Beweis zitiert er seinen Kollegen Martin Seligman, der uns auf einem Workshop in Berlin vor Kurzem gesagt hat: »Die Kindheit wird überbewertet. Wir werden nicht von der Vergangenheit bestimmt, sondern von der Zukunft gezogen.«

Mein Mann ist da ganz pragmatisch und wir hatten einen interessanten Dialog: »Manche Menschen haben sich einfach viel essen angewöhnt und das macht sie dick«, meinte er. »Aber essen nicht auch Dünne zu viel?« »Ja, aber das schlägt eben nicht bei jedem an!«

»Ach, und was gilt noch als Gewohnheit?« »Manche Dicke essen sehr schnell.« Warum guckt er mich so an?

Ich trotzig: »Dünne auch«. »Ja, aber da das Sättigungsgefühl erst nach und nach eintritt, mit Botenstoffen ans Gehirn, essen Schnellesser meist auch zu viel.« »Und schau dir an, wie manche Menschen am Tisch sitzen, vornübergebeugt, vor sich hin stierend, mampfend. Menschen sitzen sehr unterschiedlich am Tisch, aber der einzelne sitzt immer gleich.« Tja, stimmt. Ich muss mich nur umsehen.

»Ja, aber das haben sie doch irgendwann so gelernt?«

»Klar, Menschen brauchen Gewohnheiten. Denn das Hirn ist wie ein Computer mit einem zu kleinen Arbeitsspeicher. Wir können nicht über jede kleine Sache nachdenken, die wir tun. Das bedeutet, das Hirn muss sehr viel standardisieren. Dafür brauchen wir Routine – eine Treppe hinuntergehen beispielsweise, Schuhe zubinden oder Autofahren. Das wird alles mit der Zeit Gewohnheit. Und genauso gewöhnen wir uns Essensmuster an.«

Okay, akzeptiert.

Ich: »Aber gibst du zu, dass Gewohnheiten sich meistens in der Kindheit bilden?«

»Ja sicher.«

Gut, jetzt sind wir beieinander! (Es macht so viel Spaß, mit meinem Mann zu diskutieren. Nein, liebe Tischnachbarn, wir streiten nicht, wir diskutieren nur.)

Also sind oft Gewohnheiten der Grund, warum Menschen dick werden/bleiben? Gewohnheiten können sein:

Schnell essen
Viel essen
Süßes essen
Fettes essen
Zwischen Tür und Angel essen
Beim Fernsehen essen
Nachts vorm Kühlschrank essen
Zwischendurch naschen
Beim Essen lesen
Tischmanieren

»Wer beim Essen schwitzt und beim Arbeiten friert, der ist gesund.« Dieser Spruch meines Großvaters geht mir immer wieder durch den Kopf. Vor allem, wenn ich mich wieder einmal beim »Schwerarbeiten« am Esstisch erwische. Ich esse schnell, sehr schnell. Meine Erklärung, wenn mich jemand darauf anspricht: »Ich arbeite schnell, ich rede schnell, ich esse schnell.« Und das stimmt sogar. Ich glaube, sonst wäre ein Tag zu kurz für mich.

Ich schaue von meinem Schreibzimmer gerade auf einen Golfplatz. Und mir wird klar, ich mag auch nur schnellen Sport. Ich habe mal einen Schnupperkurs Golf gemacht. Dieser Sport macht mich wahnsinnig. Loslassen, hingucken, ausprobieren, locker schwingen, hops ...

Ich liebe schnelle Kampfspiele: Fußball, Tennis, noch besser: Tischtennis. Ich bin eine gute Tischtennisspielerin, auch heute noch. Kleiner Ball, kleiner Schläger, flinkes Handgelenk. Hin und her, zack, zack, zack. 21:13. Egal, ob gewonnen oder verloren, nächstes Spiel. Das macht mir Spaß.

Jetzt werde ich mal unverschämt selbstbewusst: Ich bin halt schnell im Kopf – und auf den Füßen.

Das Gleiche gilt für Kartenspiele: Karte, Karte, Karte, Uno. Oder Skat: Mischen, geben, reizen. Karte, Karte, Stich. Zählen. Gewonnen. Ein schnelles Spiel mit vielen Reizen. Wehe, ich spiele mit so einem Träumerle, der seine Lebensgeschichte während des Mischens in Echtzeit erzählen will: »Hab ich euch schon erzählt, wie das damals war, als ich …?« – Die erste Warnung heißt: »Es hat sich schon jemand totgemischt!« Und wenn das nicht hilft: »Komm, gib endlich!« Sie merken schon, mein Mittelname ist Ungeduld.

Deshalb bin ich auch gefährdet, was schnelle Computerspiele betrifft, Tetris, Solitär oder Exchange. Zack, zack, zack, neues Spiel, zack, zack, zack. Super. Und noch einmal. Das hat sicher mit meinen fehlenden Dopamin-Rezeptoren (die aus der Essstudie mit den »Genussessern«) zu tun. Warum hat eigentlich noch niemand den Zusammenhang zwischen Spielverhalten und Essen untersucht? Denn mit Schokolade ist es dasselbe: Stück, Stück, Riegel, Riegel. Aus.

Ich habe immer schon schnell gegessen. Mich machen diese Langsam-Esser wahnsinnig. Mein Mann zum Beispiel kaut jeden Bissen ungefähr 40 Mal. Ich habe mitgezählt! Am Anfang unserer Beziehung habe ich gedacht, ich muss bekloppt werden. Jedes Kauen habe ich als Provokation empfunden. Und er hat einige Monate gebraucht, um zu merken, dass Erziehungsversuche bei mir nur Trotz wecken. Heute unterdrückt er klugerweise Bemerkungen wie: »Man kann auch zwei Mal nehmen.« Oder »Langsam essen, wir sind nicht auf der Flucht!«

Am Anfang (als ich noch einen guten Eindruck machen wollte) war es mir unangenehm, schon wieder fertig zu sein, wenn er noch den halben Teller voll hatte (kein Wunder, bei

40 Mal Kauen). Ich habe dann einige Tricks ausprobiert, ich war sehr pfiffig: Wenn ich selber gekocht habe, habe ich meinen Teller gleich mal voller gemacht als seinen (und gehofft, dass er es nicht merkt). Zur Nachahmung nicht empfohlen – diese Lösung ist nicht sehr figurfreundlich.

> »Gegen Ihr Übergewicht hilft leichte Gymnastik«, sagt der Arzt.
>
> »Sie meinen Liegestütze und sowas?«
>
> »Nein, nur ein leichtes Kopfschütteln, wenn Ihnen etwas zu essen angeboten wird.«

Dann habe ich mir angewöhnt, nach jedem Bissen das Besteck wegzulegen. Hinlegen, kauen, runterschlucken, Gabel wieder aufnehmen ... Meditation im Alltag. Sehr empfehlenswert, man isst tatsächlich langsamer. Ich habe meine Essgeschwindigkeit um 30 Prozent verringert, schätze ich. Immerhin. Und irgendwann habe ich mich entschlossen, dazu zu stehen, dass ich immer noch schneller esse als er. Wir kommen nicht nur in verschiedenen Größen, sondern auch mit verschiedenen Geschwindigkeiten.

Dazu gibt es einen interessanten wissenschaftlichen Versuch: Walter Mischel von der Stanford University und sein Team haben in den Sechzigerjahren einer Gruppe von 30 Kindergartenkindern jeweils einen Teller mit einem Marshmallow (wir sagen Mäusespeck) hingestellt. Und dazu gesagt: »Wenn ihr den innerhalb von fünf Minuten nicht aufesst, dann bekommt ihr als Belohnung einen zweiten dazu.«

Was ist passiert? Bei einem Drittel der Kinder war der Reiz, das süße Zeug zu essen, stärker als jedes Versprechen.

Was dachten die Kinder wohl: Wer weiß, ob die Erwachsenen ihr Versprechen einhalten, was ich hab, das hab ich. Schwupps, sofort war der Marshmallow weg. Und sie konnten weiterspielen.

Das zweite Drittel wollte durchhalten, wirklich. Es hat gebannt auf den Teller gestarrt, »nein, den esse ich nicht, nein«. Aber diese Kinder konnten auf Dauer doch nicht widerstehen, und nach ein, zwei, drei Minuten schwupps, weg war der Marshmallow. Dann waren sie traurig. Manche haben geweint.

Die Kinder aus dem dritten Drittel (Sie wissen, das sind die, die wir in der Schule schon gehasst haben, weil sie eine so ordentliche Schrift hatten und uns immer als Beispiel vorgeführt wurden), die haben brav gewartet, bis die fünf Minuten vorbei waren, und haben als Belohnung einen zweiten Marshmallow bekommen. Blöde Streber! Die Studie mit den Marshmallow-Kindern hat übrigens ergeben, dass die Kinder der dritten Gruppe nach 17 Jahren die erfolgreichsten Erwachsenen geworden waren!

Wenn Sie mal sehen wollen, wie es in Ihnen arbeitet, wenn Sie sich vorgenommen haben, nichts Süßes zu essen, dann schauen Sie sich in Internet auf you-tube mal den lustigen Film mit der nachgestellten Studie über Kinder und Marshmallows an. So etwas Süßes! (www.you-tube.com; »Kids & The Marshmallow Test« eingeben.)

Meinen zurückhaltenden Äußerungen konnten Sie vielleicht schon entnehmen, dass ich mich nicht zu dieser dritten Gruppe zähle. Ich bin eindeutig zweites Drittel. Ich will ja, aber ich halte nicht durch. Wie 90 Prozent aller Dicken, die eigentlich abnehmen wollen. Kurz vorher haben sie sich vorgenommen, ihre Ernährung grundlegend zu ändern und schon streichen sie sich gedankenverloren ein Leberwurstbrot. Und essen es mit schlechtem Gewissen (aber sie essen es).

In einem Test in dem schon mehrfach erwähnten Buch »Lizenz zum Essen« kam bei mir heraus: »Sie lassen sich von anderen ein schlechtes Gewissen machen. Das führt aber über Stresseffekte zur Gewichtszunahme. Wenn Sie sich davon befreien und vor allem Ihr Essen wieder unvoreingenommen genießen können, kann es sogar sein, dass Sie abnehmen.«

Ein schlechtes Gewissen macht dick

Habt Ihr gehört, Leute?! Lasst mich in Ruhe. Hört auf, mir ein schlechtes Gewissen zu machen. Hast du es gehört, Sabine? Lass dich in Ruhe. Mach dir kein schlechtes Gewissen. Ein schlechtes Gewissen macht dick. Hm. Man muss mir gar kein schlechtes Gewissen machen, ich habe es schon. Und ich hatte es schon immer:
> Ich bereite meinen Eltern nur Kummer.
> Ich habe meine Vokabeln wieder nicht gut genug gelernt.
> Wenn ich nicht so faul wäre ...
> Ich müsste mich besser vorbereiten ...
> Wenn ich mich im Griff hätte ...
> Ich hätte mich mehr um meine Kinder kümmern müssen.
> Ich müsste eine bessere Tochter sein.
> Ich war heute nicht so gut, wie ich sein könnte ...

Ein schlechtes Gewissen ist ein grausames Ruhekissen. Und jetzt stellt sich heraus: Ein schlechtes Gewissen macht auch dick. Denn eine schnelle Methode, um ein schlechtes Gewissen zu beruhigen, ist Essen, vor allem das Essen von Süßigkeiten. Hast du schlechte Gefühle, das weiß jeder Psychologe, dann suchst du eine Möglichkeit, gute Gefühle dagegenzusetzen. Oder anders ausgedrückt: Der Mensch, dem es schlecht geht, braucht positive Emotionen, damit es ihm wieder besser geht. Da wirkt Essen sehr schnell. Und: Es ist immer in Reichweite. Man kann aufhören, Zigaretten oder Schnaps zu kaufen, aber essen muss man.

Kein Mensch tut etwas ohne Grund!

Ich glaube, Sie verstehen, dass ich nichts rechtfertigen, nichts entschuldigen oder verharmlosen will. Ich will verstehen, was der Reiz des Essens ist. Warum es bei vielen Dicken so eine wichtige Rolle im Leben spielt. Warum es stärker ist als der Wille, als die Vernunft, als gute Vorsätze, als das Drohen mit frühem Herztod.

Ich will Wege aus der Selbstbeschimpfung und Selbstverachtung finden. Deshalb dieser Ausflug in meine Vergangenheit, der Wunsch aufzuspüren, worin das Geheimnis des Essens liegt. Weil ich glaube, dass diese Erkenntnisse auch für andere ehrliche Dicke oder selbstkontrollierte Vielesser gilt. Nochmal: Wir sind nicht zu blöd zum Abnehmen, wir müssen herausfinden, was uns Essen bringt – dann haben wir einen Ansatzpunkt. »Kein Mensch tut etwas ohne Grund« – über diesen Satz rede ich oft. Und hier passt er hin.

Schon Kinder lernen, dass Essen tröstet. Sie bekommen die Flasche oder den Schnuller, wenn sie schreien. Sie bekommen Süßigkeiten als Belohnung, nach guten Noten wird ihnen das Lieblingsgericht gekocht. Bei uns gab es sogar Essen als Weihnachtsgeschenk: Jedes Jahr zu Weihnachten bekam ich von meiner kleinen, dicken Oma Clara (die wohl ihr Leben lang unglücklich war, sie hat leider so gut wie nie geredet), einen kleinen Camembert ganz für mich alleine. Ich habe immer schon gerne Camembert gegessen. Aber in der großen Familie gab es halt beim Abendbrot ab und zu nur ein kleines Stück für jeden. Meinen Weihnachts-Camembert durfte ich ganz alleine aufessen.

Was ist das Verführerische an Camembert (und es muss reifer Camembert sein)? Er ist weich, schmelzig, sanft, fett, klebrig, er lässt sich mit der Zunge zerdrücken, man muss ihn nicht kauen. Er erzeugt das geilste Gefühl, das ich mir im Mund vorstellen kann. (Oh Gott, denken Sie gerade, was ich auch denke? Fett, klebrig, weich. Nein, ich wurde nicht gestillt. Nein, ich möchte keine Psychoanalyse machen.)

Noch heute kaufe ich mir ab und zu so ein Stück schon leicht fließenden französischen Camembert und esse ihn meist ganz allein auf, weil mein Mann sich nicht so viel daraus macht. Gibt es bei Ihnen so ein Lieblings-, Trost- oder Glücklichmach-Essen? Ich finde, wir sollten es in Ehren halten. Ich finde, wir dürfen gern essen. Wir dürfen genießen und uns verwöhnen. Essen ist nicht unser Feind! Es gibt uns Kraft, macht froh, macht stark. Doch mehr dazu später.

Mein Mann hat mir einmal gesagt: »Manchmal schaust du ganz glücklich aus, wenn du isst. Du legst den Kopf ein bisschen schief, stapelst ganz konzentriert verschiedene Sachen von deinem Teller zu kleinen Kunstwerken auf der Gabel auf, und dann schiebst du dir den Bissen lächelnd in den Mund. Manchmal brummst du sogar.« Also, ich brumme überhaupt nicht, ich mache vielleicht »Hmmm«.

Viele Menschen sieht man beim Essen so konzentriert schaufeln, spachteln, schlucken – ohne Pause. Während der eine Bissen gerade im Mund verschwunden ist, wird der andere schon aufgehäuft. Menschen beim Essen sind oft regelrecht in Trance. Unsere Essgeschwindigkeit ist eintrainiert. Wir denken nicht mehr nach, gucken gar nicht hin, sondern lesen Zeitung, schauen fern, unterhalten uns, sind in Gedanken.

Bei den L-Lösungen werde ich darauf eingehen, wie Geistesgegenwart und Achtsamkeit uns helfen können, aus der Trance zu erwachen, den Trott abzustreifen und Gewohnheiten zu verändern. Vorher gucken wir uns noch an, wie die Tischgemeinschaft dazu beiträgt, dass wir dick werden.

»Dicke Freunde machen dick, aber glücklich!«

Ernährungspsychologen haben herausgefunden, dass das Nahrungsangebot, die Schmackhaftigkeit von Speisen und die Tischgesellschaft die Essensmenge stark beeinflussen und zum Ignorieren von Sättigungssignalen führen können. Wir kennen das alle: Das Hotelangebot »all inclusive« verführt zum Vielessen (und -trinken). Kreuzfahrtgäste berichten von Zunahmen von vier bis sechs Kilo in zwei Wochen. Sobald ein Buffet aufgebaut wird, ist die Wahrscheinlichkeit groß, mehr zu essen als bei einem servierten Essen.

Vielleicht kennen Sie das auch noch von Familienfesten. Es ist unglaublich, welche Mengen an Kuchen, Torten oder Kartoffelsalat da vertilgt werden. »In Gesellschaft schmeckt es besser!«, hieß es in unserer Familie, und die Tische bogen sich. Auch wenn meine Mutter manchmal entsetzt darüber war, was wir Kinder bei den Zusammenkünften verputzt haben. »Die müssen ja denken, zu Hause bekommt ihr nix!« Aber ein Fest ohne viel zu essen war undenkbar. (Ich spreche von den Sechzigerjahren, als Essen im Übermaß aufgefahren wurde, und von einer Familie von Schlesiern, die immer Angst haben, dass das Essen nicht reicht – das wäre so peinlich!)

In Gesellschaft schmeckt es besser. Das merken wir oft, wenn wir allein oder mit Freunden zusammen essen gehen. Da gibt es die gegenseitige Verführung: »Du auch eine Suppe vorweg?« – »Nee, eigentlich nicht, aber och ja.« – »Ich möchte nur einen Salat.« – »Ach, komm, bestell dir doch was Ordentliches. Zur Feier des Tages.« – »Au ja, und jetzt einen leckeren Nachtisch.« – »Ich kann gar nicht mehr.« – »Komm, was Kleines. Oder Eis, Eis geht doch immer.« – »Und noch ein Schnäpschen zur Verdauung?« – »Na, wenn ihr einen mittrinkt?«

Viel-Essen ist ansteckend, das haben auch zwei Forscher aus den USA[24] herausgefunden (genauso wie Rauchen und Kinderkriegen). Sie haben u.a. die berühmte Framingham-Studie ausgewertet, in der unter anderem Menschen in Dorfgefügen auf Essverhalten und Krankheiten untersucht wurden. Besonders ein Dorf mit italienischen Einwanderern erregte Aufsehen, wie ein Wissenschaftler schrieb: Die Bewohner saßen jeden Abend am Tisch von La Mama, aßen 3000 Kalorien, tranken tüchtig dazu – und wollten einfach nicht krank werden. Denn sie waren glücklich.

Die neue Auswertung der Studie hat nun folgende Ergebnisse gebracht: Danach führt alles, was wir sagen oder tun, zu einer wellenartigen Auswirkung bei unseren Freunden. (Ach, schreiben deshalb alle meine Freund/innen inzwischen Bücher?) Im Ernst: Ein fettsüchtiger Freund erhöht die Gefahr, selbst fett zu werden, um 57 Prozent. Die Ansteckungsgefahr durch einen befreundeten Raucher steigt um 36 Prozent. Und wenn in der Familie oder im Freundeskreis eine Frau ein Baby bekommt, erhöht sich die »Babygefahr« um 15 Prozent bei den anderen Frauen. (Das weiß jede Personalchefin, dass Kinderkriegen »ansteckend« ist. Wobei ich das Kinderkriegen jetzt nicht als Gefahr ansehen würde.)

Die gute Nachricht: Auch Glück ist ansteckend. Ein Mensch, der glückliche Freunde hat, wird selbst um 15 Prozent glücklicher! Mein Fazit: Sich lieber zur Gewohnheit machen, zusammen mit guten Freunden, die glücklich sind, lecker essen, als einsam oder mit unglücklichen Freunden zusammen trinken oder rauchen.

Übrigens: Der größte Dickmacher ist der Ehering. Nach den Angaben des Statistischen Bundesamts sind Verheiratete deutlich korpulenter als Singles. Das heißt: Wir müssen uns entscheiden: Scheiden lassen und dünn, aber unglücklich sein? Oder dicker, mit einem Partner leben (man muss ja nicht immer heiraten) und glücklicher? Ich wünsche mir eine Fee, die sagt: »Du kannst dir alles wünschen!« Dann nehme ich glücklich verheiratet, dünn, mit einem wundervollen Freundeskreis. (Ja, ja, ich weiß, das ist ein Rückfall. Das vergeht gleich wieder.)

Einsamkeit, das haben Wissenschaftler aus Utah (USA)[25] herausgefunden, erzeugt ein höheres Sterberisiko als Übergewicht. Die Daten von mehr als 300 000 Menschen lassen den Schluss zu, dass Menschen mit einem funktionierenden Freundeskreis eine um 50 Prozent höhere Überlebenschance haben als Menschen mit einem weniger guten sozialen Umfeld.

In der Familie Feste feiern und gut essen, mit Freunden ausgehen und gut essen, zusammen mit dem Liebsten kochen und gut essen, das alles hält Menschen also gesund. Wie wir mit anderen Menschen umgehen, oder sie mit uns, das scheint ein wichtiger Aspekt beim Thema Zunehmen zu sein. Dass Stress wohl der Dickmacher Nummer eins ist, zeige ich im nächsten Kapitel.

Turbulenzen: Was Stress mit uns macht

Erst kommt das Fressen, dann kommt die Moral! Dieser Satz stammt vom Schriftsteller Bertolt Brecht. In diesem Kapitel werden Sie erfahren, warum Dickwerden nicht vom Fressen kommt, sondern von der Moral. Es sind die Turbulenzen des Lebens, die uns dicker werden lassen, als die Natur uns als Figur auf den Lebensweg mitgegeben hat: Es geht von »A« wie Anspannung bis »M« wie Mobbing.

Was ich immer wieder faszinierend finde: Beispiele fallen mir fast direkt in dieses Buch. Gerade habe ich überlegt, wie ich Stresssituationen beschreiben soll, schon bin ich selber in einer. Um zehn Uhr (nach einem wunderbaren Frühstück) habe ich mich ans Notebook gesetzt, um an diesem Kapitel weiterzuschreiben. »Ach, lese ich noch schnell die Mails«, habe ich mir gedacht (kennen Sie diese kleinen Aufschieberituale, die wir haben? Erst noch schnell die Blumen gießen, erst noch schnell die Sockenschublade aufräumen, noch schnell die Fingernägel feilen, schnell mal umziehen ...?).

Also, ich öffne das Mailprogramm und dann als Erstes eine Mail einer Geschäftspartnerin. Ich lese die Mail und bin wie vor den Kopf gestoßen: »Was will die von mir?« Der Inhalt ärgert mich total. Ich rufe sie auf der Stelle an, da läuft nur der Anrufbeantworter. Sie weiß doch, dass ich im Schreiburlaub bin, warum schickt sie mir ausgerechnet jetzt so einen blöden Brief? Ich laufe im Zimmer herum. Ich rufe im Büro an, bitte meine Mitarbeiterin, die Sache zu klären. Laufe wieder im Zimmer herum.

Jetzt bin ich richtig schlecht gelaunt. Setz mich wieder an den Schreibtisch. Oh, nee, ich muss weiterschreiben, der Abgabetermin naht, ich kann mir keinen vertanen Tag leisten – aber es geht nicht. In meinem Magen rumort es vor

Ärger. Ich kann keinen klaren Gedanken formulieren, mache den Fernseher an, krame in meiner Tasche nach einer fast leeren Bonbontüte. Lutsche missmutig ein altes Bonbon. Spiele drei Durchgänge von »Exchange« am Computer. Ärgere mich, weil ich nicht weiterschreibe.

»Ärger kann dick machen!«

Ich rufe meinen Mann an, erzähl ihm, was war. »Ach, bist du empfindlich«, stellt er fest. Ja, ich bin empfindlich. Und warte nur auf die Frage »Warum hast du überhaupt in die Mails geguckt?« Die stellt er gar nicht, sondern sagt ganz lieb: »Es wird sich alles regeln, Schatz.« Er weiß, dass ich zur Selbstbeschimpfung neige und ich mich das sicher selbst schon gefragt habe: Warum habe ich die blöden Mails angeschaut, obwohl ich im Schreiburlaub bin? Jetzt bin ich nicht nur sauer auf die Mailschreiberin, sondern auch auf mich selbst. Na, prima. Und da soll ich kreativ werden!

Ich gucke auf die Uhr, es ist inzwischen halb eins. Ich habe zwar keinen Hunger, aber der Magen grummelt. Eigentlich könnte ich jetzt eine Kleinigkeit essen gehen? Ich wasche mir im Bad die Hände, schaue mich im Spiegel an und überlege, ob ich nicht doch statt Essen eine Runde schwimmen gehen sollte, wäre doch besser, um den Ärger loszuwerden. Plötzlich muss ich grinsen. »Da hast du dein Beispiel«, sagt mein Grinsen.

Genau so geht es. Stress kann dick machen. Jedenfalls wenn wir Essen als »Enträgerungsmittel« benutzen (ist das ein schönes Wort, klingt fast wie »Enteisungsmittel«!). Weil wir nämlich gewohnt sind, dass Essen uns meistens wieder »runter von der Palme« bringt.

Noch vor einem halben Jahr hätte sich der »Jetzt-was-essen-Reflex« durchgesetzt, da bin ich sicher. Vielleicht sollte ich gar nicht so böse auf ihn sein, wahrscheinlich hat er mich mein halbes Leben lang vor Magengeschwüren bewahrt: Anspannung, ein Stück Kuchen kaufen; Ärger, gehen wir heute Abend essen? Druck, ich brauche jetzt ein Stück Schokolade ... Der »Jetzt-was-essen-Reflex« hat mir auf der anderen Seite viele Kilo verschafft. Und dazu habe ich keine Lust mehr.

Hat doch schon was gebracht, sich mit dem Thema Dicksein auseinanderzusetzen. Deshalb gehe ich jetzt erst einmal eine Runde schwimmen, dabei kann ich meine Gedanken und Gefühle ordnen und danach dieses Kapitel konzentriert weiterschreiben. Und ich bin froh, dass ich hier im Hotel sitze, das einen Entspannungspool hat, und nicht zu Hause, wo ich jetzt entweder den Kühlschrank leerfuttern oder anfangen würde, Fenster zu putzen (nee, so verzweifelt kann ich gar nie sein).

Das Dümpeln im 34 Grad warmen Wasser hat geholfen. Ich habe gemerkt, wie angespannt ich war. Und ich habe mich an die Frauen erinnert, die mir ganz Ähnliches aus ihrem Leben erzählt haben, auch sie haben in turbulenten Situationen:
- ⟩ Traurigkeit weggegessen,
- ⟩ Wut weggegessen,
- ⟩ Gram weggegessen,
- ⟩ Spannung weggegessen,
- ⟩ Kummer weggegessen,
- ⟩ Enttäuschungen weggegessen,
- ⟩ Sorgen weggegessen,
- ⟩ Ärger weggegessen,
- ⟩ Einsamkeit weggegessen,
- ⟩ Angst weggegessen,
- ⟩ Stress weggegessen.

Was wiegt die Seele? – So heißt eine der ältesten philosophischen Fragen. Manchmal kann die Seele schwer sein. Das sagt auch der Volksmund: »Mir liegt was auf der Seele.« – »Die Seele bildet den Leib«, heißt ein Zitat von Giuseppe Mazzini aus dem 19. Jahrhundert. – Erinnern Sie sich an den Filmtitel »Angst essen Seele auf« von Rainer Werner Fassbinder? – »Mir ist die Seele so schwer«, sagt man. Da ist es: »Mir ist die Seele so schwer«.

Wer zwischen Seele und Körper einen Unterschied sieht, besitzt keines von beiden.
OSCAR WILDE (1854 -1900)

Wär doch eine prima Ausrede: »Wissen Sie, also eigentlich bin ich gar nicht dick, ich habe nur so eine schwere Seele, so eine, sagen wir mal, satte 20-Kilo-Seele.« Puh! Aber im Ernst, dies ist ein Ansatz, der uns Leichtigkeit verschaffen kann. Wenn wir etwas für unsere Seele tun, für unser Seelen-Heil, können wir Leichtigkeit erreichen. Damit uns Felsbrocken von der Seele fallen können (die sind wichtiger als Pfunde auf der Waage). Wir werden uns nachher anschauen, wie das gehen könnte.

Manche Brocken liegen schon sehr lange auf der Seele: In der Grundschule war ich ein Überflieger, Lernen fiel mir leicht. Im Gymnasium packte mich der Ernst des Lebens und ich bekam Angst. Ich war nicht gut genug, ich habe nicht genug gelernt, ich war faul. Mein Vater war enttäuscht. Bei jeder schlechten Note (ging bei einer »3« los) diese Enttäuschung. Hättest du, wärst du ... Wenn ich eine Erinnerung an meine Schulzeit habe, dann ist es Angst. Weniger vor den Lehrern in der Schule, sondern vor dem Lehrer zu Hause.

Essen gegen Ärger

Und heute weiß ich: Angst verhindert Lernen. Wer Angst hat, verliert den Zugang zu seinen Stärken und Fähigkeiten. Sprich, wer Angst hat, kann nicht lernen. Er ist auf dem Niveau eines Idioten und kann nur noch entscheiden: flüchten oder sich wehren. Da ist kein Platz für Lernen oder Kreativsein.

Zurück zum Thema »Entärgerungsmittel« Essen: Angstlösend waren die Pausenbesuche in der kleinen Milchbar direkt neben meiner Schule. Jeden Tag in der großen Pause saß ich da mit meinen Freundinnen Inge und Sabine auf roten Barhockern an einem kleinen grün melierten Tresen (das Bild hat sich in meinem Sehnerv eingebrannt) und bestellte Bananenmilch – ich jedes Mal mit einem Löffel Schlagsahne extra drauf (kostete zehn Pfennig mehr). Die Bananenmilch war köstlich.

Auf dem Heimweg nach der Schule kaufte ich mir fast jeden Tag Kartoffelchips, Kekse, Sahnebonbons, Cola und schleuste sie in meinem Schulranzen in mein Zimmer. Beim Hausaufgabenmachen stopfte ich alles heimlich in mich hinein. Kein Wunder, dass ich in der Pubertät runder wurde. Ich würde das heute Kummerspeck nennen. Ich mochte mich nicht, ich hatte Druck, Angst und ständig ein schlechtes Gewissen. Außerdem war ich ständig unglücklich verknallt. »Keiner liebt mich!« Und im Hinterkopf sang der Chor: »Weil du so dick bist, ällerbätsch!«

Essen kann angstlösend sein – wer diese Erfahrung gemacht hat, entwickelt Gewohnheiten, die dick machen. Wir schlucken unseren Ärger, dämpfen unsere Wut, überzuckern unsere Gefühle. Dies ist eine Erkenntnis, die alle Dicke, mit denen ich gesprochen habe, teilen. Essen macht glücklich (aber nur kurzzeitig). Essen löst Spannung. Essen lässt Sorgen vergessen. Essen hilft über unglückliche Zeiten hinweg. Essen tröstet. Wenigstens für ein paar Minuten. Aber dieses Frustessen – das macht eben dick.

Mir wird immer klarer, dass ich nicht durch das normale Essen dick geworden bin. Auch wenn ich schnell und wie ein Mann esse: Ich esse zu den Mahlzeiten wirklich nicht sehr viel anders oder mehr als meine normalgewichtigen Freundinnen oder Seminarteilnehmerinnen. Aber auch ich habe meine Sorgen, meine Ängste, meinen Stress »übergessen«. Statt zu diskutieren, schimpfen oder handeln, habe ich meinen Ärger hinuntergeschluckt. Nicht laut werden, nicht ungerecht werden, keinen Streit anfangen, lieber selber zurückstecken, die Folgen tragen. Mannomann.

Und deshalb, liebe dicke Frauen, geht es nicht um Diäten – es geht darum, die Seele zu erleichtern, Angst loszuwerden, unsere Wünsche zu formulieren und zu leben, Grenzen zu setzen, aktiv zu werden, sprich: glücklicher zu werden! Wie das gehen kann, beschreibe ich gleich bei den Lösungskapiteln.

Martin Seligman hat vier Variationen von Glück definiert: Die erste ist das Verwöhnglück, die zweite ist das tätige Glück, die dritte ist das Glück, gut mit anderen Menschen auszukommen, die vierte das Glück der Sinnhaftigkeit (zu den drei Letzteren kommen wir auch später).

Die erste Variante von Glück, die Seligman »das Glück der guten Gefühle« nennt und das ich Verwöhnglück nenne, ist vergleichsmäßig leicht: ein Stück Schokolade, gestreichelt werden, ein Butterbrot, eine Tasse heiße Schokolade, eine Massage, ein Eisbecher, ein In-den-Arm-genommen-Werden, für viele eine Zigarette, ein Donut – und die Bananenmilch mit Sahne. Jawohl, manchmal brauchen wir das einfach. Aber das reicht nicht.

Seligman hat nämlich aufgezeigt, dass das Verwöhnglück leider nicht lange anhält. Die volle Wirkung hält vielleicht 15

Minuten vor. Und das bedeutet: Wir brauchen ständig Nachschub. Deshalb bleibt es nicht bei der einen Praline, nicht bei dem einen Keks. Und wenn der Damm gebrochen ist, wird nachgelegt, bis die Packung leer ist. Trotzdem sollten wir diese Möglichkeit, uns etwas Gutes zu tun, nicht gering schätzen, manchmal hilft es uns über schlechte Zeiten hinweg.

Ich erinnere mich, dass ich früher oft gedacht habe, wer weiß, ob ich die unglücklichen Phasen meines Lebens überlebt hätte, wenn ich nicht Essen als Trost gehabt hätte. Was, wenn ich stattdessen Alkohol, Drogen, Tabletten oder andere selbstzerstörerische Mittel genommen hätte? Unglücklich genug dafür war ich öfter. Da ist Essen doch noch ganz prima? Und legal! Ebenso glaube ich, dass in vielen Körperpolstern Aggression gestaut ist, die nicht herausgelassen worden, sondern »hinuntergeschluckt« worden ist.

Ich erinnere mich an eine Kollegin bei einer Zeitschrift, mit der ich vor 25 Jahren zusammen im gleichen Büro saß. Ich fand es sehr lustig, wenn sie mir Vorträge hielt, wie zwanghaft es sei, dass ich beim Schreiben eines großen Artikels immer Süßigkeiten brauchte. Tja. Sie war sehr groß und dünn. Sie hat sich immer, wenn sie einen großen Artikel schreiben musste, die Haare ihrer Augenbrauen ausgerissen. Sie selbst hat das gar nicht gemerkt, aber Härchen für Härchen wurde die Augenbraue kürzer. Auch Dünne finden Möglichkeiten, Spannung abzubauen.

Der kürzeste Golfer-Witz: »Ich kann es!«
Der kürzeste Abnehmwitz: »Ich weiß, wie's geht!«

Stress macht dick. Jedenfalls die, die zum Dicksein neigen. Der Heidelberger Arzt und Autor von »Lizenz zum Essen«,

Gunter Frank, schreibt, dass man heute weiß, dass Bauchfett stärker durch Stresshormone wie Cortisol beeinflusst wird als das übrige Fettgewebe. Bauchfett deutet darauf hin, dass sein Besitzer langwierigen Belastungen ausgesetzt ist, die auf Dauer auch die Gesundheit gefährden. Deshalb: Freuen Sie sich, wenn Sie rundum dick sind: dicker Po und dicke Oberschenkel, so die gängige Meinung, sind immer noch gesünder als der dicke Bauch. Na ja, freuen ... Sie wissen schon, was ich meine.

Was passiert noch in Stresssituationen? Bei vielen Menschen regt sich der Appetit. Ich kenne viele dünne Frauen, die gar nichts mehr essen können, wenn sie unglücklich oder gestresst sind, bei Liebeskummer beispielsweise oder bei Mobbing, sie gehören meistens zu den »Hageren«, auch genannt »Leeretyp«, sie verlieren bei Kummer meist Gewicht (im Ayurveda »Vata«-Typ).

Aber die »Rundlichen«, auch genannt »Fülletyp«, legen unter Belastung Gewicht zu (im Ayurveda »Kapha-Typ«). Bei Frauen mit dem Ansatz zum Dickwerden laufen im Körper hormonelle Prozesse ab, die sie zum Kühlschrank/in die Kantine/zur Süßigkeitenschublade treiben. In der Wissenschaft nennt man die Trostpflaster übrigens »Comfort Food« (trostspendende Nahrung). Eigentlich eine grandiose Leistung unseres Hirns, negative Emotionen durch einen kleinen Zuckerschub in positive zu verändern. Wenn die gesundheitlichen Folgen nicht wären.

Gunter Frank sagt: »Stresshormone fördern die Zuckerfreisetzung im Körper und erhöhen dadurch den Blutzuckerspiegel. Normalerweise sorgt das Hormon Insulin dafür, dass bei erhöhtem Blutzuckerspiegel nach einer Mahlzeit der überschüssige Zucker aus dem Blut in die Körperdepots transportiert wird, um dort eingelagert zu werden.« Nur während einer Stresssituation, Ärger, Aufregung, Angst,

Wut etc. hemmen die Stresshormone die Insulinempfindlichkeit der Zellen – das Insulin bleibt im Blut. Das veranlasst die Bauchspeicheldrüse, immer mehr Insulin auszuschütten. Gunter Frank: »Kurzfristig wäre das kein Problem. Aber Dauerstress steigert die Insulinresistenz. Und das bedeutet die Gefahr von Diabetes und erhöhtem Blutdruck – und außerdem Gewichtszunahme.«

Kennen Sie solche Heißhungersituationen, in denen auf der Stelle ein Riegel Schokolade oder eine Schale Chips her müssen? Was heißt hier Riegel – ich meine Situationen, in denen man in eine Tafel Schokolade beißt wie in ein Stück Brot oder die Chips mit ganzer Hand aus der Tüte schaufelt, bis der Gaumen wehtut? Das sind klassische Fresssituationen:

› Der Gatte hat einem gerade gestanden, dass er eine Geliebte hat.
› Die Bank hat angerufen wegen des überzogenen Kontos.
› Eine Freundin hat uns erzählt, was eine andere Freundin Böses über uns gesagt hat.
› Ein Lehrer hat angerufen, weil der Sohn oder die Tochter seit Tagen Schule schwänzt.
› Der interessante Mann, den wir neulich kennengelernt haben, ruft nicht an.
› Sie müssen den Abgabetermin für Ihr Buch einhalten.

So etwas passiert bei Ihnen nicht? Sie Glückliche. Überlegen Sie, in welchen Situationen Sie zum Trostessen greifen.

Wenn Sie berufstätig sind, kennen Sie vielleicht diese Situation: Der Chef hat Sie ungerecht behandelt und vor Kollegen/Kunden bloßgestellt. Oder er hat Sie bei einer Beförderung bewusst ignoriert. Autsch. Was passiert in Ihrem Körper? Die Stresshormone Adrenalin und Cortisol werden ausgeschüttet, im Körper tobt der Bär. Der Blutdruck steigt und die Blutzufuhr im Körper wird verbessert. (Jetzt wissen Sie übrigens, warum Sie vielleicht in Stresssituationen wie vor einer Rede oder einer Gehaltsverhandlung einen roten Kopf bekommen oder diese schrecklichen »hektischen« roten Flecken am Hals und Dekolleté. Alles Natur!)

Was der Säbelzahntiger mit unserer Figur zu tun hat

Diese radikalen Körperreaktionen waren vor Hunderttausend Jahren für die Steinzeitfrau Lucy einmal von Vorteil. Stellen Sie sich vor: Lucy wandert fröhlich durch die Savanne. Plötzlich springt der Säbelzahntiger aus dem Busch, »Roar!!!«. Jetzt heißt es, sich blitzartig entscheiden – flüchten oder kämpfen. Also entweder wegrennen – sehr schnell wegrennen – oder ihm fest eins auf die Nase geben. Dafür muss sie hellwach sein, und ihre Stresshormone helfen ihr dabei. Sie ist schnell und kräftig und hat sich retten können (der Beweis: schließlich stammen wir von ihr ab).

Wenn heute ein Dr. Säbelzahn uns als Mitarbeiterin beleidigt, dann wird es mit dem Auf-die-Nase-Hauen oder Wegrennen schwierig, jedenfalls wenn wir nicht sowieso kündigen wollten. Also tschüss. Normalerweise geht die moderne Lucy nach dem Angriff gekränkt in ihr Büro – oder gleich in die Kantine. Der Stress wird nicht abgebaut, sondern entweder weggegrämt (Vorsicht, Magengeschwür) oder weggegessen (Sie kennen es schon: das Entärgerungsmittel). Beides ist auf Dauer schädlich für die Gesundheit. Vielleicht sollten Sie sich statt der nächsten mickrigen Gehaltserhöhung einen Punchingball von der Firma finanzieren lassen und in Ihrem Büro aufstellen. Links, rechts. Dotz! Dotz!

Zwillingsforscher haben festgestellt, dass sich eineiige

Zwillinge meist im Gewicht gleichen – und das auch, wenn sie getrennt und in verschiedenen Familien großgezogen worden sind. Gibt es aber gravierende Unterschiede im Gewicht, dann findet man beim schwereren Zwilling im Gegensatz zum leichteren: psychosozialen Stress, Schlafprobleme, Burn-out-Symptome und depressive Gefühle. Außerdem fand man einen erhöhten Cortisolspiegel im Urin. Der gestresste Zwilling hatte die dreifache Menge an Bauchfett entwickelt. Aber auch sein Hautfett war erhöht. Stresshormone steigern auch den Appetit.

Stress macht dick. Deshalb braucht die moderne Lucy andere Mittel als in der Steinzeit, um den Stress loszuwerden und sich vor den Dr. Säbelzahn-Übergriffen oder denen von Kolleginnen, Mitarbeitern, Kunden oder dem Stress mit den Eltern, den Kindern, Nachbarn oder dem Bankberater schützen zu können. Damit sie nicht dick oder krank wird (und davon bekommen Sie eine hübsche Auswahl gleich im Lösungsteil).

Übrigens: Auch Abnehm-Parolen machen dick. Oder wie es der Psychologe Klaus Grawe beschreibt[26]: »Menschen, die hauptsächlich mit Vermeidungszielen arbeiten, haben ein schlechtes Wohlbefinden, ein schlechtes Selbstwertgefühl und eine schlechtere psychische Gesundheit.« Vermeidungsziele sind beispielsweise:

»Das darf ich nicht ...
Ich sollte nicht ...
Nie mehr ...
Bloß nicht ...«

Stress entsteht, wenn Vermeidungsziele von anderen eingetrichtert werden. Es gibt Ärzte, die sagen ihren ansonsten pumperlgesunden 45-jährigen Patienten: »Achten Sie auf gute Ernährung, wenig Fleisch, keine Wurst, keine Butter.« Und man fragt sich: Warum?

Es gibt Erzieherinnen, die geben völlig gesunden Kindern die Anweisung mit: »Sag deiner Mutter, dass sie dir keine Leberwurst mehr aufs Brot streichen soll.« Hallo?

Es gibt Verkäuferinnen, die Frauen mit Größe 48 abschätzig sagen: »Nein, solche Größen führen wir nicht. Waren Sie schon mal beim Arzt?« Darf das wahr sein?

Experten machen dick!

Auch vermeintliche Experten machen den Menschen mit ein paar Kilo zu viel Stress. Der anerkannte Psychologe Professor Johannes Hebebrand beschreibt: »Während eines internationalen Adipositas-Kongress wurden rund 400 Ärzte und Wissenschaftler nach ihren Einstellungen gegenüber normalgewichtigen und übergewichtigen Menschen gefragt: Auch die Gesundheitsexperten brachten Übergewicht in Verbindung mit Faulheit, Dummheit und Wertlosigkeit.«[27] (Ist es Zufall, dass gerade in den USA die meisten Studien von der einschlägigen Industrie, Pharmaunternehmen, Diätnahrungsherstellern etc. finanziert werden?)

Vor allem Jugendlichen schaden solche Einschätzungen. Professor Hebebrand: »Eltern, die das Übergewicht ihrer Kinder erkennen, ... raten ihrem Kind oft zu einer Diät. Mit unguten Konsequenzen: Besonders die Mädchen nahmen in der Folgezeit zu – mehr jedenfalls als jene Mädchen, deren Eltern das Übergewicht ihres Kindes entgeht oder die es nicht bekümmert. Ein klarer Hinweis darauf, dass Diäten dick machen können.« Er fordert, dass die Stigmatisierung der Dicken gestoppt werden muss. Aufgezwungenes kontrolliertes Essen, das man in der Wissenschaft »Restraint Eating« nennt, gilt inzwischen selbst als Stressfaktor. Genauso wie sich der Teufelskreis von Diäten als gesundheitsgefährdend herausgestellt hat, »Weight Cycling« heißt in der medizinischen Fachsprache, was wir in Deutschland sehr bildhaft »Jojo-Effekt« nennen – rauf und runter, rauf und runter und immer höher rauf ...

Aus Tierversuchen weiß man, dass Tiere besonders dann dick werden, wenn sie in aussichtslose Situationen getrieben werden, Ratten zum Beispiel. Und: Dabei entwickeln sie Fett im Bauchraum. Wenn Tiere Situationen ausgesetzt werden, die sie meistern können, und wenn sie dafür auch noch belohnt werden, beobachtet man das nicht. Übertragen auf Menschen, so der Arzt Gunter Frank, ist ausschlaggebend dafür, wie Stress auf den Stoffwechsel von Menschen wirkt, ob man eine Stresssituation selbst meistern kann oder ob man ihr hilflos ausgeliefert ist.

Er schreibt: »Wenn molligen Menschen ständig von Experten geraten wird, abzunehmen, wenn sie dauernd hören müssen, dass Dicksein selbst verschuldet ist und Dicke eine Last für die Gesellschaft sind, wenn Dicke ohne Ende in den Medien gedemütigt werden und wenn sie andererseits jahrelang ihren Appetit zügeln und mit eiserner Disziplin versuchen abzunehmen, obwohl ihnen der Jojo-Effekt keine Chance dazu lässt, dann empfinden sie dies – natürlich – als negativen Dauerstress, als ausweglose Situation, als persönliche Niederlage. Und deshalb wächst ihr Bauchfett immer weiter an. (Übrigens: Bauchfett wegschneiden lassen hilft nichts, den Dauerstress loswerden, das kann helfen.)

Erinnern Sie sich an meine These, dass die Gesellschaft dick macht? Und vor allem Menschen aus ärmeren Schichten (das moderne Wort für diese soziale Gruppierung ist »Prekariat«)? Dort liegt die Zahl der »Fettsüchtigen« nach Studien bei 30 Prozent (gegenüber 10 Prozent in der Oberschicht). Warum wohl? Wer ein hohes Maß an Selbstbestimmung hat, kann Situationen besser meistern als jemand, der weniger Selbstwertgefühl, Selbstvertrauen und Selbstbestimmung hat, sprich, der sich selbst weniger helfen kann. Wer sich in misslichen Situationen selbst befreien kann, wer mutig Entscheidungen trifft, Grenzen setzt und seine Wünsche durchsetzt, wer finanziell besser gestellt ist und dadurch unabhängiger, kann sich besser helfen als jemand, der in Abhängigkeit lebt, sich selbst nicht viel zutraut und keine Alternative sieht.

Zum Abschluss noch einmal Gunter Frank: »Menschen mit viel Bauchfett brauchen keine Operation und erst recht keine Ernährungsberatung. Sie brauchen eine ehrliche Perspektive, wie sie Arbeitslosigkeit, Mobbing, finanzielle Sorgen, Überlastung durch Doppelbelastung von Beruf und Familie, Einsamkeit und Verzweiflung zum Besseren wenden können. Kurz, sie brauchen echte Hoffnung. Und die Wertschätzung molliger Menschen als gleichwertige Mitmenschen.«

Wieder ein Grund mehr, etwas an den Ursachen zu verändern, als sich in eine Diät zu flüchten (gleich mehr dazu). Und das heißt oft auch, sich aus der Resignation zu retten, die Traurigkeit abzuschütteln, die eine lange Dickenkarriere manchmal mit sich bringt. Deshalb heißt das fünfte »T« der Ursachen des Dickseins: Traurigkeit.

Traurigkeit: Ich hab doch alles versucht

Die besten Lehrstücke schreibt das Leben selbst. Manchmal steht man vor einer Situation und erkennt: »Aha, so ist das!« Mir ging das so mit meinem Wunsch, mehr Sport zu machen, um dünner zu werden. Als ich vor einiger Zeit meinen Kleiderschrank aufgeräumt habe, habe ich die Sportklamotten, die ich so besitze, auf einen Haufen gelegt. Soll ich Ihnen was sagen? Ich könnte ein kleines Sportgeschäft eröffnen. Offensichtlich habe ich jedes Mal, wenn ich mir vorgenommen hatte, jetzt muss aber Bewegung her, als Erstes einen neuen Trainingsanzug gekauft, manche in dezentem Anthrazit, manche in dynamischem Feuerrot und gerne schwarz (macht ja auch schlank). Und Turnschuhe habe ich, die könnten mich einmal um den Erdball tragen.

Der Wille steht für die Tat

Ich habe viele Jahre immer wieder mal Ernährungstagebücher geführt, in denen ich notiert habe, was ich gegessen habe. Beim Aufräumen ist mir neulich ein fast leeres Buch in die Hände gefallen. Auf der ersten Seite standen folgende Eintragungen (die restlichen Seiten waren so gut wie leer):

Eintrag 27.9.2002: Ich habe mir eine Waage gekauft

Eintrag 15.4.2003: Ich habe mir eine Küchenwaage gekauft

Dazu gibt es eine kleine, feine Kollektion von Hanteln, Thera-Bändern, Springseilchen, Yogamatten, Steppern, Nordic-Walking-Stöcken, Pulsmessern, Schrittzählern. Ach ja, den Heimtrainer und das Mini-Trampolin habe ich ja schon verschenkt. (Ich denke, mit all den Geräten, die in Ihren Kellern stehen, könnten wir zusammen ein Fitnessstudio eröffnen).

Apropos Fitnessstudio. Ich habe vier Jahre lang ein sehr schönes Fitnessstudio gesponsert. Was, Sie auch? Na, dann haben wir wenigstens Arbeitsplätze erhalten. Ach, Sie waren auch nur ein paar Mal dort? Seien Sie froh. Malen Sie sich nur aus, alle Fitnessstudio-Mitglieder würden wirklich zum Sport kommen – die müssten wegen Überfüllung schließen.

Die paar Mal, die ich da war, haben mir aber auch gereicht. Das Studio liegt an einer belebten Straße, und durch die großen schönen Fenster können alle Passanten zuschauen, wie du dich auf dem Stepper quälst, auf der Bank nach deinen Bauchmuskeln suchst oder dich in der Bauch-Beine-Po-Stunde mit Melanie (27 Jahre, 1,78 m, 52 Kilo, »Und jetzt mit ein bisschen mehr Schwung!«) zum schwitzenden Affen machst. Nee, das war nichts für mich. Als ich übrigens endlich beim dritten Anlauf die Kündigungsfrist eingehalten und aus dem Vertrag gekommen bin, hat das Studio kurz darauf Pleite gemacht. Jetzt ist ein Küchenstudio in den Räumen. Tja!

Viele Male schaut der Wille durchs Fenster, ehe die Tat durchs Tor schreitet!

ERASMUS VON ROTTERDAM

Das, was ich Ihnen hier gerade mit Galgenhumor erzählt habe, macht mich eigentlich traurig. Die Frage ist doch, warum erkennen wir etwas als hilfreich und tun es dann doch nicht? Vielleicht gilt, was Goethe, Schiller oder ein anderer

Dichter gesagt hat: »Nehmt den Vorsatz für die Tat.« Ich bin so zu dem Schluss gekommen: Wenn ich mich mal dazu durchgerungen habe, etwas für die Linie zu tun, hat das schon alle zur Verfügung stehende Energie verbraucht. Und was macht man, wenn Energie verbraucht ist? Eine Pause, ausruhen, ja, und vielleicht etwas Energiereiches zuführen. Trost hat mir ein Spruch des Bischofs Erasmus von Rotterdam gegeben: »Viele Male schaut der Wille durchs Fenster, ehe die Tat durchs Tor schreitet!«

Ich hatte zwei Mal in meinem Leben einen »Personal Trainer«. Erst Uwe und dann Katja. Beide haben wirklich ihr Bestes gegeben. Völlig bekloppt: Es hat mir sogar Spaß gemacht, morgens um sieben bei Regen durch den Englischen Garten zu walken, echt. Oder mich mit einem Thera-Band an meine Wohnzimmertür zu hängen und zwanzig Mal tief in die Hocke zu gehen. Hei, ich habe sogar Liegestütze gemacht, okay, Frauen-Liegestütze – aber 20 hintereinander! Aber allein habe ich es einfach nicht geschafft.

Ich wusste lange nicht, was besser ist: Einfach die menschliche Fehlbarkeit zu akzeptieren, zu erkennen, dass es so ist. Wie der Apostel Paulus im Brief an die Korinther geschrieben hat: »Denn das Gute, das ich will, das tue ich nicht; sondern das Böse, das ich nicht will, das tue ich.« Und dann seinen Fokus auf andere Bereiche des Lebens zu richten.

Oder nach Gründen zu suchen: Warum, warum, warum? Warum tue ich mir nichts Gutes, obwohl ich doch weiß, dass mir das Sporteln richtig gutgetan hat, ich straffe Oberschenkel bekommen habe wie eine Gazelle, obwohl ich mich fit und irgendwie »dazugehörend« in der Gemeinde der Gesundheitsstreber gefühlt habe? Aber kaum hatte ich mich entschlossen:»Das pack ich jetzt auch alleine«, war's auch schon aus. Ich bekam meinen Hintern einfach nicht mehr hoch. Jedes Mal folgte der Katzenjammer mit ausgiebiger Selbstbeschimpfung. Und die erzeugt wiederum Stress. Und was haben wir im letzten Kapitel gelernt? Stress macht dick.

Heute glaube ich, dass ich in die typisch weibliche Perfektionsfalle gekommen bin. Du musst es schaffen!!! Und wenn du in der Familie die Einzige bist, der Gewicht Probleme – nein: der Probleme Gewicht – machen, wird dein seelischer Druck noch größer: Die anderen schaffen es doch auch.

Fett am Po macht froh!

»Dass die Verteilung von Körperfett eine Rolle spielt, wissen wir seit längerem«, so der Wissenschaftler Konstantinos Manolopoulos von der Uni Oxford[28], »aber dass Fett am unteren Teil des Körpers geradezu gesundheitsfördernd ist, haben wir jetzt erst herausgefunden.« Während Bauchfett, also der klassische Kugelbauch, als richtig gefährlich gilt, z.B. als Auslöser für Herzinfarkte, könne Fett am Hintern, an Hüften und Oberschenkel hilfreiche Hormone bilden, die Arterien schützen und den Blutzuckerspiegel kontrollieren.

Bestärkt fühle ich mich von der jährlichen Stressstudie der Amerikanischen Psychologischen Gesellschaft (APA), vom November 2009[29]. In der Studie wird festgestellt, dass Frauen weitaus häufiger als Männer sagen, dass ihnen die Willenskraft und -stärke fehlten, um in ihrem Ernährungs- und Gesundheitsverhalten etwas zu ändern. Helen Coons, Direktorin des Women's Mental Health Center in Philadelphia, sagt, dass das Wort »Willensstärke« in die Irre führe, denn was wirklich los wäre, sei Folgendes:

Wenn Frauen sagen, dass ihnen die Willenskraft fehlt, meinen sie in Wirklichkeit, dass sie erschöpft sind – zu müde, um die Veränderungen anzugehen, die sie gern machen würden. Depressionen sind ein weiterer Saboteur guter Vorsätze. Und der dritte Saboteur: Unrealistische Ziele halten Frauen ebenfalls ab, ihre Vorsätze umzusetzen. Coons: »Weil sie es nicht rasch noch schaffen, vor Weihnachten 25 Pfund abzunehmen, geben sie einfach auf.«

Und noch einen Grund gebe es, so die Studie, warum Frauen resignieren. Coons: »Viele Frauen glauben, sie wären selbstsüchtig, wenn sie sich mehr Zeit für sich selbst nehmen würden, sich mehr um sich kümmern würden. Es gibt doch so viele andere Verpflichtungen – Kinder, alternde Eltern, sogar Kollegen, die sich auf sie verlassen.«

Dicke sind keine faulen Schlampen, die sich den ganzen Tag auf dem Sofa räkeln und deren einziger Sport Chipstüten aufreißen und Colaflaschen stemmen ist!

Also, noch einmal sehr deutlich: Dicke sind keine faulen Schlampen, die sich den ganzen Tag auf dem Sofa räkeln und deren einziger Sport Chipstüten aufreißen und Colaflaschen stemmen ist! Im Gegenteil: Viele übergewichtige Frauen kümmern sich mehr um andere als um sich selbst. Gerade weil sie zu wenig selbstsüchtig sind, sind sie oft dick. »Ach, es geht schon. Nee, für mich reicht's. Nein, ist doch nicht nötig ... Wenn ich einmal Zeit habe ... Ach, ich muss nicht unbedingt ...« Sie tun alles für ihre Männer, ihre Kinder, ihre Eltern, ihren Job. Nur einen vernachlässigen sie: sich selbst. Und dann verachten sie sich auch noch dafür.

Und dann gehen Frauen, die sich selbst nicht mögen, traurig in den Rückwärtsgang. Sie gehen nicht mehr tanzen, weil sie sich zu dick fühlen. Sie gehen nicht mehr zum Sport oder ins Schwimmbad, weil sie sich wegen ihres Körpers schämen. Sie werfen sich in zweimannzeltartige Umhänge, um ihre Formen zu verstecken. Sie trauen sich beruflich immer weniger zu. Sie werden misstrauisch anderen gegenüber, »die reden bestimmt über mich, dass ich so dick bin ...« – und werden immer dicker.

Bei manchen Frauen, die den Kampf gegen ihre Pfunde vermeintlich aufgegeben haben, sieht man: Es ist weniger die kluge Einsicht, dass Diäten nicht die Lösung sind; nicht das gesunde Selbstbewusstsein, das stolze »I am what I am!« (Kennen Sie den kraftvollen Song von Gloria Gaynor? Power ohne Ende!), sondern leider oft eine tiefe Niedergeschlagenheit, »Ich habe doch alles versucht. Ich bin eine Versagerin.« Um bei der nächsten Superdiät dann doch wieder (kurzfristig) dabei zu sein.

Das erinnert mich an Sisyphos, eine Figur aus der griechischen Mythologie, der als Strafe unablässig einen Stein einen Berg hinaufrollen muss, weil er die Götter verärgert hat. Und immer, wenn er fast oben angekommen ist, rollt der Stein wieder hinab. Und Sisyphos fängt wieder von vorne an, den Stein hinaufzurollen, sein Leben lang. Es gibt sie, die Sisyphos-Frauen, sie rollen und rollen den schweren Stein, der ihr Gewicht ist. Und immer, wenn sie glauben, es geschafft zu haben, rollt der Stein hinunter – sprich steigt das Gewicht wieder nach oben.

> *Wenn wir 20 Pfund abnehmen, verlieren
> wir vielleicht die 20 besten Pfunde, die wir
> haben. Wir verlieren vielleicht die Pfunde,
> die unser Genie, unsere Menschlichkeit,
> unsere Liebe und Ehrlichkeit enthalten!?*
>
> WOODY ALLEN

Jede Frau kennt die Euphorie, wenn im Rahmen einer Diät die rigide Essensumstellung, also eigentlich das Hungern, Wirkung zeigt. Oder wie eine Freundin zu sagen pflegt: »Nie bin ich euphorischer als in den ersten vier Stunden einer Diät.« Sie kommt sich großartig, lebensfroh und sexy vor. Bis sie rückfällig wird. Das Gefühl des Versagens überschattet dann alle positiven, erfolgreichen Aspekte der Persönlichkeit und des gelungenen Lebens.

Wie kommt das? Die russische Psychologin Bluma Zeigarnik hat vor etwa 80 Jahren festgestellt, dass Menschen ungelöste Probleme, Frustration, Zurückweisungen und Misserfolge besser erinnern als Erfolge und erbrachte Leistungen. Diese Mutlosigkeit ist es vielleicht, die manchen dicken Frauen die Antriebskraft nimmt, ihr Leben rings um ihr Gewicht fröhlich und erfüllend zu gestalten.

Die Geschichte vom Suppenkasper

Und manchmal ist es sogar die Angst davor, dünner zu werden. Bis vor Kurzem habe ich mir selbst auch meine »Dicken-Legende« zurechtgelegt. Kennen Sie die Geschichte vom Suppenkasper? Sie stand, dramatisch illustriert, im »Struwwelpeter«, diesem Kinderhasser-Buch meiner Kindheit, in dem Daumenlutschern schnipp, schnapp der Daumen abgeschnitten wird; in dem der fröhliche Hans-Guck-in-die-Luft ins Wasser fällt und ertrinkt, und eben der

Suppenkasper dran glauben muss, weil er nicht hören kann! – Der pure Sadismus.

In Kürze zusammengefasst: Der Knabe Kasper wollte seine Suppe nicht essen, jeden Tag wurde sie neu aufgetragen, aber immer schrie der Junge trotzig: »Ich esse meine Suppe nicht. Nein, meine Suppe ess ich nicht.« Und von Tag zu Tag wurde er dünner. Das Ende der Geschichte: »Am fünften Tage war er tot.« Neben der Suppenschüssel prangt ein Grab mit einem Kreuz.

Bitte lachen Sie mich nicht aus – aber diese Geschichte steckte mir 50 Jahre in den Knochen. Nicht in meinem Verstand, nicht in meinen grauen Zellen, sondern wirklich tief in den Knochen. Ein bisschen albern, denken Sie vielleicht. Aber ich gestehe, in meinem Inneren gab es bis vor Kurzem die Überzeugung: »Wer dünn wird, stirbt.« Das bedeutete natürlich eine ewige Zerreißprobe: Bleibst du dick, stirbst du (sagen dir jedenfalls alle), und wenn du dünn wirst, stirbst du auch (siehe Suppenkasper).

Nicht gerade die beste Motivation zum Abnehmen, denken Sie? Bingo. Ich weiß nicht, ob es wirklich der verdammte Struwwelpeter war oder ein mögliches Geburtstrauma (das möchte ich auch gar nicht herausfinden), die mir Angst vorm Dünnwerden gemacht haben. Oder die Tatsache, dass ich einige liebe Menschen an Krebs habe sterben sehen – und die wurden im Lauf ihrer Krankheit wirklich von Woche zu Woche immer dünner. Vielleicht legt sich mein pfiffiges Gehirn auch nur solche Erklärungen bereit, um meine Abnehmfaulheit zu erklären, es mir schönzureden, dass ich lieber alles esse, was ich mag, und manchmal faul im Sessel rumchille (wann eigentlich?).

Lange habe ich gedacht, ich wäre die einzige Frau auf der Welt, die sich solche Geschichten ausdenkt. Bis ich mich in die Literatur zum Thema Dick und Dünn vertieft habe. Und

siehe da, diese Angst scheint weiter verbreitet, als ich vermutet habe. So stark die Sehnsucht nach einer guten Figur ist, so diffus sind die Ängste von manchen Frauen, wirklich dünn zu werden. Hier einige Beispiele, was Frauen übers Dünnerwerden denken:
- Nie mehr das essen dürfen, was schmeckt
- Lebensfreude verlieren
- Sterben
- Kalt und machtbesessen werden
- Von außen gesteuert werden
- Perfekt sein zu müssen
- Klein und schwach werden
- Erfolgreich sein zu müssen
- Keine Ausreden mehr zu haben
- Zu sexy zu werden
- Sich Menschen nicht erwehren zu können.

Vielleicht können Sie sich jetzt vorstellen, dass alle Versuche abzunehmen, alle klugen Ratschläge und ausgetüftelten Pläne nichts bewirken können (jedenfalls nicht auf Dauer), wenn ein Mensch solche Ängste im Herzen birgt? Und vielleicht können Sie nachvollziehen, dass er super-aggressiv auf Versuche von anderen reagiert, ihn dünn zu kriegen bzw. ihm helfen zu wollen abzunehmen? Ein Wunder, dass Frauen sich trotzdem immer wieder in ihre ganz persönliche Diätshow wagen: »Ich bin zu dick – holt mich hier raus«.

Soll ich Ihnen ganz ehrlich was sagen? Ich bin ja im Geiste immer noch Journalistin und habe mich jetzt ein Jahr lang durch Veröffentlichungen und wissenschaftliche Forschung gearbeitet. Ich glaube heute eher an die harten Fakten, also an die bewiesenen Erkenntnisse – zum Beispiel dass Stress dick macht und dass Ess-Gewohnheiten uns im Griff haben – als an die psychoanalytischen Ausflüge in die Vergangenheit, die auch nur traurig machen können (ich weiß, wovon ich rede, ich habe mehrere Therapiegespräche hinter mir). Und die immer suggerieren: Solange du deine Vergangenheit nicht »reinigst«, wirst du immer dick bleiben. Das heißt: Dicksein als Strafe. Bitte, davon müssen wir wegkommen! Wie Martin Seligman sagt: »Die Vergangenheit wird völlig überschätzt. Wir werden von der Zukunft gezogen.«

Die Frage lautet also, mit welchem Ansatz sind wir besser in der Lage,
› uns aus dem Diät-Wahn zu befreien
› uns mit unserer Figur zu versöhnen
› oder tatsächlich langfristig etwas zu verändern?

Neulich habe ich eine junge Frau kennengelernt, die an die 150 Kilo wiegt. Wenn man ihre Mutter sieht, selbst sehr dick, erkennt man sofort, wo das Gewicht herkommt. Was mich aber wirklich erschreckt hat, ist ihre absolute Hilflosigkeit, wie sie aus dieser Situation wieder rauskommt. In ihrer Vorstellung sind immer die anderen schuld, dass sie zu Hause sitzt und keinen Job hat, und die anderen ihr keine Chance geben. Ihre einzigen Ablenkungen sind Fernsehen und Essen. Diese junge Frau braucht dringend Hilfe, um überhaupt einen Streif am Horizont zu sehen. Sie braucht keine Rückschau, wie es als Baby anfing, sondern praktische Hilfe, wie sie ihren Hintern hochkriegt und trotz ihrer Figur ein fröhliches Leben führen kann.

Es geht nicht um Diäten, sondern darum, sich zu mögen!

Die Frage heißt: Was ist schlimmer – Schuldgefühle, ständiges Bemühen und ein schlechtes Gewissen? Oder Lethargie und Fatalismus? Die Erkenntnis, die ich aus dieser Begegnung mitgenommen habe: Manchmal ist das Gewicht ein Signal, damit andere hinschauen und erkennen, dass es jemandem schlecht geht, dass jemand vielleicht Hilfe braucht. (Ich habe mir vor zwanzig, dreißig Jahren oft gedacht: Hallo, warum spricht mich eigentlich niemand an, warum ich so dick geworden bin? Warum fragt mich niemand: Was ist los mit dir? Hast du Sorgen? Brauchst du Hilfe?)

Was mir bei der Recherche zu diesem Buch aufgefallen ist: Die von Männern geschriebenen aktuellen Bücher zum Thema Dicksein, fette Gesellschaft etc. stellen von der Tendenz her Statements auf, so ist es, so nicht. Dagegen sind die von Frauen geschriebenen Bücher oft ein Fragezeichen. Warum, weshalb, wieso? Warum bin ich dick? Wie muss ich meine Einstellung ändern, um dünner zu werden? Das Ziel bleibt immer: Tu etwas, um dünner zu werden, und wenn es sein muss, verzeih deinen Eltern. Selbst wenn der Diätwahn an sich abgelehnt wird, wird in den von Autorinnen geschriebenen Büchern die »gesunde Abnehmweise« gleich hinterher geschoben. Ausnahme ist Marily Wann mit ihrem revolutionären »Fat!So?«-Buch. (Darauf kommen wir noch.)

Offensichtlich ist es typisch weiblich, die Schuld eher bei sich selbst zu suchen, in unserem Verhältnis zur Mutter, den Eltern, im Frausein oder der Sexualität ... Und die Hoffnung ist immer, wenn Frauen diese Knoten aus der Vergangenheit lösen können, dass dann die Pfunde von allein purzeln.

Der Schlankheitswahn ist die Fortsetzung des Konkurrenzkampfes zwischen Frauen!

Und das stört mich – es sind nicht Männer, nein, es sind die Frauen selbst, die das Thema Schuld immer wieder zur

Sprache bringen. Die Frauen selbst glauben ungebrochen an das Ziel, schlank und jung zu sein. Sie heizen die Diätbereitschaft an und setzen Normen, was richtig und falsch ist. Selbst wenn sie die Auswüchse der Size-Zero-Manie geißeln – also eine Größe 42 sollte es höchstens sein. Und das macht mich traurig. Denn der Schlankheitswahn ist die Fortsetzung des Konkurrenzkampfes zwischen Frauen. Dünn ist das Ziel, dick ist die Perversion. Und es wird Zeit, uns aus diesem Denken zu lösen.

Frauen können anderen Frauen ganz schön den Schneid abkaufen, indem sie auf die Figur anspielen: Ich habe vor vier, fünf Jahren in Berlin einen Vortrag vor den Führungskräften eines Medien-Konzerns, fast ausschließlich Männer, gehalten. Langer, warmherziger Applaus hinterher. Sehr nettes Feedback einzelner Herren. Als ich gerade meinen Laptop wegräume, kommt die ranghöchste Frau dieses Konzerns lächelnd auf mich zu – ich lächle erfreut zurück: »Schön, Sie kennenzulernen.« Sie sagt säuselnd: »Hören Sie, Frau Asgodom, ich habe gerade von einer supertollen neuen Diät gelesen, die muss ganz prima wirken. Soll ich Ihnen den Bericht mal schicken?«

Schock. Ich kann nur fassungslos den Kopf schütteln und ein »Nein, danke!« herauspressen. (Sie glauben das nicht? Ich schwöre, genauso war es.) Mit rotem Kopf und zitternden Händen räumte ich meine Sachen zusammen, verzichtete auf die Einladung zum gemeinsamen Mittagessen mit den Zuhörern und verlasse fluchtartig das Hotel. Sie haben schon gehört, ich bin empfindlich.

Wie kommt eine Frau dazu, mich derart zu kränken? Diese Frage ging mir nicht mehr aus dem Kopf. Meine Freundin Christine, die sehr viel Erfahrung aus Frauennetzwerken hat, hat mich später darauf gebracht: »Ich glaube, du warst ihr zu stark. Sie fühlte sich vielleicht in ihrer Rolle als Königin in diesem Laden bedroht. Sie musste dich klein machen. Und da sie selbst ihr Leben lang mit Übergewicht gekämpft hat, wusste sie wohl: So mache ich die Asgodom mundtot.« Vielleicht war es so.

Und eine Interviewpartnerin, die viele Jahre lang Abnehmgruppen geleitet hat, berichtete aus ihrer Erfahrung: »Es ist erstaunlich, wie Frauen die Abnehmwünsche von anderen Frauen sabotieren.«

› Sie machen sich lustig: »Ach, das hast du doch schon so oft versucht.«
› Hält die Frau dann tatsächlich durch, sabotieren sie ihr Bemühen durch die Aufforderung zum Essen: »Ach komm, sei doch nicht so ungemütlich.«
› Und wenn die Freundin tatsächlich abgenommen hat, dann kommen Sprüche wie »Also, dick hast du mir besser gefallen.« Oder »Früher warst du gemütlicher!« oder »Meine Güte, jetzt sieht man aber dein Alter, so viele Falten hattest du doch vorher nicht.«

Also egal, wofür eine Dicke sich entscheidet, sagt meine Gewährsfrau, »machst was, wirst bombardiert, machst nix, auch«. Statt die andere Frau zu unterstützen, wird gestichelt und gezündelt. Traurig.

Es geht nicht um Versagen, wenn wir rundlich, mollig, dick, übergewichtig oder adipös sind. Es geht darum, ein fröhliches, selbstbestimmtes Leben rings um unsere Pfunde zu gestalten. Und deshalb beenden wir jetzt die fünf »T« und wenden uns den Lösungen für ein leichteres Leben zu.

**Lebensfülle statt Diäten:
Lösungen für ein leichteres Leben**

Als Coach weiß ich, dass das Graben in der Vergangenheit nur wenig für zukünftiges Handeln bringt. Eingeprägte Muster zu erkennen, nach denen wir handeln, ist schon okay, aber Alternativen im aktiven Tun zu finden, das bringt die Menschen wirklich weiter. Deshalb geht es in den nächsten Kapiteln um Anregungen für mehr Liebe, Lust und Leichtigkeit; um Laben, also Essen mit Gelassenheit – und Lachen. Denn Sie wissen ja: Das Leben ist zu kurz für Knäckebrot! Aber vorher werden wir uns noch von dem Mythos Dünnsein verabschieden.

Wir alle können uns vorstellen, wie viel Energie, Mühe, Zeit und Gedankenkraft so ein Mangelleben kostet. Die amerikanische College-Professorin und Autorin Michelle Lelwica (»The Religion of Thinness«) schreibt in einem Internet-Blog für die Zeitschrift »Psychology today«: »Ich kenne an unserem College viele junge Frauen, die intelligent sind und hübsch und daran interessiert, etwas in dieser Welt zu bewegen. Traurig genug, dass diese tollen Frauen enorm viel Zeit und Energie damit verbringen, sich um ihr Äußeres zu sorgen.«

Sie beschreibt, dass diese jungen Frauen wissen, dass Models hungern, dass Fotos auf Zeitschriftentiteln oder in der Werbung noch mal verschlankend bearbeitet werden, dass Schauspielerinnen sich kasteien. »Sie wissen auch, dass Glück nichts damit zu tun hat, mager zu sein, und trotzdem kann sie das nicht abhalten, ihre Körper als unzureichend zu empfinden und zu glauben, sie sollten dünner sein. Sie leben den Traum von jemand anderem (wahrscheinlich den Traum von jemandem, der es genießt, Geld mit unserem Gefühl zu verdienen, dass unser Körper nicht in Ordnung ist und repariert gehört). Aber das ist nicht unsere tiefste Wahrheit, und ein weiser Teil in uns weiß das auch.«

Fett-Angst weit verbreitet

Selbst normalgewichtigen Frauen ohne Anzeichen von Essstörungen wohnt offensichtlich eine tiefe Furcht vor Fettleibigkeit inne. Forscher der Brigham Young Universität haben Probandinnen Fotos von übergewichtigen Frauen gezeigt und sahen per Hirnscanner eine starke Reaktion in einem Hirnareal, das mit Identität und Selbstreflexion zu tun hat. Männer ließen entsprechende Fotos kalt.[30]

Mich beeindruckt das Bild von der Religion des Dünnseins, denn genau so – als neue Religion – stellt sich mir der Tanz um den goldenen Turnschuh dar: Wenn wir uns der »Religion des Dünnseins« unterwerfen, werden wir immer »sündigen« und »sühnen« müssen. Wir werden uns schlecht fühlen, uns verdammen und immer und immer wieder selbst kasteien. Wir werden denken, dass wir nicht »okay« sind. Wir werden uns mit anderen vergleichen. Wir werden, egal wie talentiert oder erfolgreich wir sind, dem immer unser Übergewicht gegenüberstellen. Und wir werden unsere Energie dafür aufwenden, »richtig«, das heißt »ohne Sünde« zu sein.

Wenn wir daran glauben, dass dünner sein glücklicher macht, wird Dicksein immer das dominierende Thema in unserem Leben sein. Dann ziehen wir automatisch den Bauch ein, wenn wir aufstehen. Dann werfen wir einen kritischen Blick auf unsere Hüften, wenn wir an einer spiegelnden Fensterscheibe vorbeigehen. Dann werden wir Fotografien zerreißen oder löschen, auf denen wir »unvorteilhaft« getroffen sind. Dann werden wir sogar in den Momenten von Ekstase und Hingabe darauf achten, dass wir unseren Körper vorteilhaft darstellen. Lust geht gar nicht – Strafe muss sein.

Ich sollte Diät halten. Aber ich will nicht. Ich möchte keine Size Zero sein!

MARIAH CAREY

Wir werden Sklaven dieser »Religion des Dünnseins« bleiben und unser Leben darauf ausrichten. Wir werden uns schuldig für unser Gewicht fühlen. Und wir werden den Ablassprediger unserer Zeit, also Diät-Gurus, Fitness-Trainern, Ernährungsberatern, Diätprodukt-Herstellern, Schönheitschirurgen, »Ablass« bezahlen, in Form von Hungern, Quälen, schlechter Laune – und einer Menge Geld!

Wenn der einzige Weg aus dieser »Religion des Dünnseins« ist, zur Ketzerin zu werden – oder sagen wir lieber, zur Reformatorin –, dann will ich das gerne tun. Ich weiß sowieso, dass mich manche, denen meine Botschaft nicht gefällt, spätestens bei den Kommentaren auf den Buchhändlerseiten im Internet schlachten werden: »Unverantwortlich« – »Keine Ahnung« – »Macht es sich zu leicht!« – »Unwissenschaftlich« – »Einseitig« – »Ist schuld, wenn …« – »Versündigt sich …«.

Neun Thesen zum Thema »Die Würde der Dicken ist unantastbar«

Hier meine 9 Thesen, die ich gern an die Türen der mächtigen Großverdiener der »Religion des Dünnseins« schlage und zur Diskussion stelle:

› Jeder Mensch darf so dick oder dünn sein, wie die Natur (oder sein Lebensweg) ihn geschaffen hat.

- ⟩ Dünn ist nicht besser, dick nicht schlechter.
- ⟩ Jeder Mensch hat ein Recht auf ein erfülltes Leben ohne schlechtes Gewissen.
- ⟩ Essen ist die lustvolle Grundlage des Lebens.
- ⟩ Der Sinn des Lebens ist, glücklich zu sein, nicht dünn.
- ⟩ Niemand darf aufgrund seines Körpergewichts diskriminiert werden.
- ⟩ Niemand darf jemand anderem vorschreiben, welches Gewicht er zu haben hat.
- ⟩ Dicksein hat nichts mit Schuld zu tun.
- ⟩ Niemand darf Dicken ein schlechtes Gewissen machen.

Erst wenn sich eine Frau aus der Schuldecke heraustraut, kann sie anfangen, für sich zu sorgen. Wenn sie bisher ständig mit Verteidigungsaufgaben beschäftigt war, wie: »Ich bin auch ein Mensch, ich bin auch fleißig ...«, dann hat das so entsetzlich viel Energie gekostet. Jetzt ist die Zeit gekommen, diese Energie zu nutzen, um sich etwas Gutes zu tun: Wohlbefinden ist das Ziel, »Wellbeing« nennt man es im Englischen, und darum geht es im Leben, postuliert die Positive Psychologie.

Haben Sie sich auch oft gefragt, »Warum bin ich mir das nicht wert, mir Gutes zu tun?« Sie konnten es vielleicht nicht, weil sie eben mit Abwehrmaßnahmen beschäftigt waren: sich ein dickes Fell gegen böse Blicke und Bemerkungen zulegen; Rechtfertigungen gegen Angriffe parat halten; Bauch einziehen und doch wider besseres Wissen die nächste fruchtlose Diät beginnen. (Über weitere Gründe mehr im nächsten Kapitel.)

Also, raus aus der gedanklichen Wagenburg – wir Dicken oder gefühlt Dicken müssen uns nicht mehr verteidigen. Wir dürfen uns zeigen, die Welt erobern, tun, was wir gern tun möchten: rein in die bunten Kleider, hinaus ins Schwimmbad, schwingt die Hüften, erobert die Tanzfläche! Jetzt mal ganz ehrlich: Wir dürfen es ruhig auch zugeben, wenn wir nicht glücklich mit unserer derzeitigen Figur sind. Auch wenn ich mich akzeptiere, wie ich bin, darf ich immer noch träumen. Aber wir müssen uns nicht selbst an den Pranger stellen oder stellen lassen – und vor allem, wir müssen nie wieder eine Diät machen!

Rein in die bunten Kleider, hinaus ins Schwimmbad, schwingt die Hüften, erobert die Tanzflächen!

DIE FÜNF »L« DER LÖSUNGEN

Das Ziel dieses Buches ist, mehr Fröhlichkeit in unser Leben zu bringen. Uns auf das zu konzentrieren, was Sinn macht und Spaß bringt. Unsere Talente leben und unsere Lebenswünsche anstreben. Die Zeit mit unseren Liebsten genießen. Leichtigkeit gewinnen. Und das alles gilt für sehr dicke und ein bisschen dicke, meistens dünne und naturdünne Frauen gleichermaßen.

Wie das gehen kann, werde ich Ihnen in den nächsten fünf Kapiteln zeigen.

> **LIEBE**: Sich mögen lernen
> **LUST**: Erkennen, was wirklich wichtig ist
> **LEICHTIGKEIT**: Das Leben genießen
> **LABEN**: Essen mit Gelassenheit
> **LACHEN**: Gehen Sie hinaus und strahlen Sie!

Auch in diesen Kapiteln geht es nicht ums Abnehmen. Ich kann Ihnen keine »Geheimrezepte« verraten. Ich kann Ihnen auch nicht garantieren, dass Sie durch ein erfüllteres Leben vielleicht doch das eine oder andere Pfund schmeißen können. Aber das ist nicht das Ziel dieses Buches. Es geht schließlich um »Selbstbewusstsein in allen Kleidergrößen«.

Das heißt, das Ziel ist, sich gut zu fühlen, sich zu mögen und sich Gutes zu tun, egal, ob in Größe 38 oder 58.

Was kann geschehen? Sie verändern Ihren Fokus weg vom Gewicht hin zu mehr Freude und Sinn im Leben. Sie setzen ihre Energie dafür ein, das Leben nach Ihren Wünschen zu gestalten. Sie finden den Weg heraus aus Selbstbeschimpfung und Selbstverachtung. Sie handeln nach dem Prinzip der produktiven Vernunft: So ist es. Sie werden aufmerksamer. Sie tun sich Gutes. Sie achten darauf, gesund zu bleiben. Und dann kann es passieren:
> dass Sie zunehmen
> dass Sie abnehmen
> dass sich an Ihrem Gewicht gar nichts ändert.

Denn das Thema Gewicht spielt keine Rolle mehr. Sie nehmen es an wie Ihren Fingerabdruck, Ihre Augenfarbe oder Ihre Schuhgröße. Was sich verändern kann: Sie werden sich mögen, Sie werden sich Gutes tun, Sie werden bewusster leben, Sie werden mit Stress besser umgehen, Sie werden Grenzen setzen, Sie werden liebevoller mit sich umgehen, Sie werden Ihre Energie spüren, Sie werden Ihre Talente erkennen und einsetzen, Sie werden mit Misserfolgen und Krisen besser umgehen können, Sie werden das volle Leben genießen. Und dadurch werden Sie gesünder leben.

Ganz ehrlich: Wahrscheinlich werden Sie, wie ich, immer wieder mal Rückschläge erleben. Sie werden vielleicht auf Diätversprechen hereinfallen. Oder Sie werden nach einer Reihe von übersatten Tagen sich nicht mögen und beschließen abzunehmen. Sie werden sich vornehmen, abends nichts zu essen, weil der Hosenknopf spannt. Sie werden vorm Urlaub ein paar Kilo abnehmen wollen, weil Sie Ihre Oberarme einfach nicht mehr sehen können. Sie werden sich vornehmen, keine Süßigkeiten mehr zu essen oder drei

Mal die Woche joggen zu gehen. Tun Sie's, wenn Sie müssen. Aber sehen Sie es wie eine – sagen wir mal – Weiterbildungsmaßnahme an. Sie investieren eine Zeit lang in etwas, für ein wünschenswertes Ergebnis. Aber es ändert nichts an Ihrer Grundeinstellung.

Niemand in der Welt hat mehr Interesse daran, dass du dich magst als du! Es ist dein Leben!

Und die heißt ab sofort: gesund und bewusst leben. Nicht mehr gegen sich und den eigenen Körper agieren. Schluss mit dem G'schiss ums Gewicht. Diese Lektion sollten wir gelernt haben: Niemand in der Welt der Wachstumswirtschaft hat mehr Interesse daran, dass Sie sich mögen und gesund sind, als Sie. Denn dann würden sie Sie als Kundin verlieren. Die meisten haben eher ein geschäftliches Interesse daran, dass Sie sich bemühen und scheitern – und wieder anfangen.

Jetzt werden Sie vielleicht denken, ha, typisch, die ist ja selber Coach und will als Coach auch verdienen. Ja, das stimmt, mit meinem Job als Coach verdiene ich Geld.

Aber mit einem Unterschied: Mein Ziel, ist, dass die Menschen nach dem einen intensiven Coaching (dauert zwischen zwei Stunden und höchstens einem Tag) alleine weiterlaufen. Ich mache sie nicht abhängig von mir. Ich erkläre Ihnen nicht, dass sie drei Mal in der Woche eine Stunde kommen müssen. Ich arbeite schwer daran, dass sie nicht scheitern. Dass sie also ihre eigenen, nachhaltigen Lösungen finden. Ich freue mich, wenn ich nach Monaten Erfolgsmeldungen geschickt bekomme: Prima, Frau Asgodom, es hat funktioniert.

Zurück zum Thema, wer ein Interesse hat, dass Sie gesund bleiben: hoffentlich Ihre Liebsten, Ihre beste Freundin. Aber vor allem: Sie selbst! Es ist Ihr Leben. Sie müssen Ihre eigene Art entwickeln, gesund zu essen und sich gesund durchs Leben zu bewegen. Nach Ihrem Rhythmus und Ihrer Art, in Ihrer Achtsamkeit und Aufmerksamkeit, in Ihrer Kreativität und Behutsamkeit. Und dabei werden Sie Pionierin sein: Es geht darum, den eigenen Weg zu finden, auszuprobieren, was Ihnen guttut. Dazu bedarf es Mut.

Wovon ich wirklich überzeugt bin: Nicht das Dicksein ist gefährlich, sondern das Leben, das wir führen. Sprich, ein Leben, das uns nicht guttut, dass uns traurig, trotzig oder gestresst macht. Weil wir uns zu wenig achten, uns zu selten Gutes tun, aus Rücksicht auf andere uns selbst vergessen. Das Dicksein ist manchmal ein Zeichen, nicht die Ursache. Und behandeln wir nur das Übergewicht, ist das so, als wenn ein Arzt einem Kind mit Masern nur die roten Flecken wegschminken würde.

> *Nicht das Dicksein ist gefährlich, sondern das Leben, das wir führen.*

Was mir an Frauen, die im Diätendschungel gefangen sind, auffällt: Sie halten sich am Abnehmthema fest, wenn es eigentlich im Leben um etwas ganz anderes geht:
› Sie sind unzufrieden mit ihrer Beziehung
› Sie sind unzufrieden mit ihrer Arbeit/Familienarbeit
› Sie sind unzufrieden mit ihrer Zeiteinteilung
› Sie sind unzufrieden mit ihren familiären Verpflichtungen
› Sie sind unzufrieden mit ihrer Lebensperspektive.

Das Gefühl, das kann doch noch nicht alles in ihrem Leben gewesen sein, wird überlagert von dem Beschluss: »Jetzt muss ich aber wirklich abnehmen!« Statt dem Impuls nachzugeben, etwas im Leben zu ändern, wird das bekannte Muster vorgezogen: ab auf die Waage!

Michelle Lelwica erklärt das mit einer Art Sicherheit, die das Abnehmthema in dieser Welt der Unsicherheit mit sich bringt. Diesen pfundigen Teil ihres Lebens kann eine Frau in den Griff bekommen, glaubt sie, da kennt sie sich aus, da kann sie schnelle Erfolge erzielen. Da kann sie sich gut fühlen und von den anderen akzeptiert (ja sogar etwas beneidet) werden. Der Lohn für all die Mühe: Sie hat ihr Leben im Griff und lebt eine Zeit lang im Hochgefühl. Diät wirkt wie ein Rausch. Der Kater folgt zwingend.

Ich habe die Beobachtung bei Frauen gemacht, dass ihr mantrahaftes Kreisen um die Pfunde, diese volle Konzentration auf Verbote und Gebote, Kalorienzählen oder Frischkornbrei schroten, gleichzeitig schlagartig alle Gedanken stoppt, die ihren häuslichen und/oder beruflichen Frieden gefährden würden. Diäten machen den Kopf besoffen, lassen Sorgen vergessen und verscheuchen störende Autonomiegefühle.

Und wenn es dann mit den neuerlichen Diätbemühungen nicht klappt? Dann fühlen sich die Frauen wieder einmal als Versagerin – und damit sind ihnen die Flausen aus dem Kopf geschlagen. Wer sind sie, dass sie glauben, ihr Leben verändern zu können, wenn sie noch nicht einmal diesen Kampf gegen ihre Pfunde gewinnen können? Wer sind sie, von anderen Rücksicht einzufordern, wenn sie selbst so eine Lügnerin und Versagerin sind? Das perfekte Selbstsabotageprogramm hat wieder einmal gewirkt.

Die gute Nachricht: Dieses Programm können Sie beenden. Als ich mich aus dem Diät-Kreislauf entfernt hatte, begann die glücklichste Zeit meines Lebens: Ich habe mich und meine Talente entdecken und annehmen können. Ich habe meinen Job gekündigt, als ich gemerkt habe, darin bin ich nicht mehr glücklich. Ich habe mich selbstständig gemacht – trotz aller Ängste. Ich habe meine Großartigkeit entdeckt (welch ein Wort!). Ich habe mich von meinem Mann in Freundschaft getrennt, als ich endlich wahrnehmen konnte, wir sind miteinander nicht mehr glücklich und kriegen es auch nicht mehr hin.

Ich habe mich auf eine neue Liebe eingelassen, ohne Vorbehalte, mit offenem Herzen. Ich konnte ganz klar »Ja« sagen und »Ich will«. Ich musste keine Spielchen spielen und konnte mich zeigen, wie ich bin. Ich musste meinen Bauch nicht einziehen, wenn mein Mann mich ansah. Welch ein Glück.

Ich habe gerade in den letzten Jahren als Rednerin, als Autorin und als Coach Zigtausende von anderen Frauen erreicht und ihnen von meinen Erkenntnissen berichtet. Ich habe »Zeugnis abgelegt«, dass frau dick und erfolgreich und auch noch glücklich sein kann. Ich habe mich auf Bühnen geoutet und in Büchern von mir erzählt. Ich habe in meinen Seminaren und in meinen Coachings das Thema Selbstbestimmung und Selbstverantwortung in den Mittelpunkt gestellt. Ich bin manchmal dafür gescholten worden, aber viel, viel öfter habe ich wunderbares Feedback und begeisterte Berichte von Erfolgserlebnissen bekommen. Glauben Sie mir, dass mir das mehr wert ist als eine kontrollierte Traumfigur?

Und können Sie sich vorstellen, was es für mich bedeutet hat, als ich während des Schreibens dieses Buches erfahren habe, dass der Bundespräsident mir das Bundesverdienstkreuz für mein »engagiertes Wirken« für die Belange von Frauen verliehen hat? Dass die Gleichstellungsstelle der Landeshauptstadt München dafür eine umwerfende Stellungnahme für mich abgegeben hat? Welche Ehre. Und noch schöner: Wie lieb und rührend die Hunderte von

Glückwünschen waren, die ich von Frauen und Männern daraufhin bekommen habe!?

Um es klar zu sagen: Ich bin noch lange nicht durch mit meinem Bemühen um Klarheit und Leichtigkeit. Immer wieder schleicht sich der Gedanke, für alles und alle verantwortlich zu sein, in mein Leben. Ich lade mir Lasten auf, die selbst für meine breiten Schultern zu schwer sind. Ich nehme zu viel Rücksicht, ich fordere zu wenig und scheue mich, Menschen auf die Füße zu treten. Und ich weiß genau, was ich in der Woche nach Abgabe dieses Buchprojekts in Angriff nehmen werde: meine berufliche Belastung zu senken.

Und woher habe ich die Energie dafür? Ich habe die Energie übrig, seit ich mich nicht mehr in Diät-Ablenkungsmanövern verliere. Seit ich mich nicht mehr selbst beschimpfe oder verachte. Seit ich meine ganze Energie *für* mich eingesetzt habe und nicht mehr *gegen* mich. Seit das Thema Abnehmen nur noch am Rande meiner Wahrnehmung vorkommt. Seit ich mir selbst nicht mehr der schlimmste Feind bin. Ich bin es mir wert, glücklich zu sein, mein Leben zu leben. Und ich habe ein grenzenloses Vertrauen, dass es nicht am dick oder dünn sein liegt, ob ich ein erfülltes Leben führe. Und: Wenn ich es kann, dann können Sie es auch.

Liebe: Sich mögen lernen

Liebe. Lassen Sie dieses wunderschöne Wort auf der Zunge zergehen. Liebe, dieses Wort fühlt sich an wie ein weiches Sahnebonbon. Das Wasser läuft Ihnen im Munde zusammen, Sie spüren die butterige Süße an Ihrem Gaumen. Mit der Zunge lassen Sie das Bonbon durch den Mund wandern. Sie nehmen es vorsichtig zwischen die Zähne und knabbern zärtlich an einer Ecke, spüren, wie der karamellisierte Zucker auf Ihren Geschmacksnerven schmilzt, ach was, explodiert ... Oh, Entschuldigung. Jetzt ist die Fantasie schon wieder mit mir durchgegangen.

Also, zur Liebe, diesem Sahnebonbon-Wort – die beste Nachricht in Sachen Liebe zuerst: Deutschland ist (neben Ungarn) das einzige Land der Welt, in dem fast jeder so geliebt wird, wie er ist! Das hat eine internationale Studie der Zeitschrift Readers Digest[31] ergeben. Lediglich 16 Prozent der Deutschen ist der Leibesumfang ihres Partners oder ihrer Partnerin ein Dorn im Auge (in Ungarn sogar nur 13 Prozent). In den USA findet beispielsweise die Hälfte aller verheirateten Frauen, dass ihre Gatten dünner sein sollten. Allein diese Umfrage zeigt, dass der Schlankheits-Hype eine Modeerscheinung ist, die irgendwann vorbei geht.

Wenn unsere Liebsten – Männer, Frauen, Freunde, Freundinnen, Liebhaber, Verehrer – uns so mögen, wie wir sind, dann sollte es doch irgendwie möglich sein, dass wir es auch schaffen. Und wenn Sie (gerade) keinen Liebsten haben? Dann ist diese Untersuchung ebenfalls eine prima Sache. Denn sie sagt: An der Figur und am Gewicht wird es nicht scheitern, einen lieben Menschen zu finden! Bis dahin arbeiten Sie schon mal am Thema Liebe und zwar Liebe zu sich selbst (im nächsten Kapitel stelle ich Ihnen eine Strategie vor, wie Sie den Mann fürs Leben finden können). Meine

Erfahrung: Wer sich selbst lieben kann, wird andere lieben können. Wer sich selbst mag, mag auch andere Menschen. Wer sich selbst schätzt, schätzt auch andere. Wer sich selbst liebt, leuchtet. Und kann gesehen werden. Die beste Nachricht: Das gilt für dicke und dünne Frauen, Männer und Frauen, Alt und Jung gleichermaßen!

Wer sich selbst liebt, leuchtet.

Also, starten wir unser Selbstliebe-Programm: *Es ist, wie es ist, sagt die Liebe.*

Kennen Sie diese wunderbare Zeile aus dem Gedicht von Erich Fried? Es ist, wie es ist, sagt die Liebe. Heißt übersetzt: Liebe braucht keine Voraussetzungen, Liebe braucht kein »Wenn ...«. Das gilt für die Liebe zu anderen und umso mehr für die Liebe zu uns selbst. Es bedeutet das große Annehmen, was ist. So wie Verliebte wie mit einem Vergrößerungsglas nur die tollen Eigenschaften ihrer/ihres Angebeteten sehen, so geht es bei der Selbstliebe um den Wechsel der Linse, von Abwertung zu Anerkennung, vom Malus zum Bonus, von der Selbstbeschimpfung zum Eigenlob (und das stinkt nicht, sondern stimmt bekanntlich).

Und das heißt erst einmal, einfach hinschauen. Am besten nackig vorm Spiegel. Was sehen Sie?

»Ich bin dick. Mein Gott, bin ich dick.« Stopp – das ist bekannt, was sehen Sie genau?

»Dieses pausbäckige Gesicht und dieser Hals mit dem Dreifachkinn. Der Busen, na ja. Dieser dicke Bauch, diese Wülste auf meinen Hüften, der dicke Po!« Stopp, nicht werten, nur gucken.

»Dicke Oberschenkel. Cellulite, klar. Die kleinen Fettrollen über den Knien und sooooolche Waden. Sogar meine Füße sind dick, was hatte ich früher für schmale Füße. Ach,

Mensch, ich will nicht so dick sein.« Stopp – nicht ablenken. Einfach weiterschauen. (Übrigens: Wenn Sie das alles nicht sehen – kann es sein, dass Sie gar nicht dick sind?)

Nun, weiter: »Also mein Busen ist okay. Ein bisschen schlaff, aber ich bin ja auch keine 18 mehr. Ich hab ja schließlich ... « Stopp, nicht ablenken. Einfach schauen.

»Runde Schultern, eigentlich ganz hübsch. Meine Haut ist schön. Ich habe wenige Falten, nur um die Augen hier, na ja, Lachfalten. Meine Augen sind schön, immer noch, wenn sie auch ein bisschen müde aussehen. Ich muss aufpassen, dass ich keine Schlupflider bekomme.« – Stopp, bleiben Sie beim Hingucken.

»Die Augenbrauen haben einen ganz schönen Schwung. Meine Ohren sind hübsch, klein und niedlich. Die Nase? Ach, diese Riesennase, die habe ich als Kind schon gehasst. Die habe ich vom Opa, der hatte ... « Stopp, nicht ablenken.

»Wenigstens habe ich noch eine Taille, mein erster Freund hat mal gesagt, ich hätte eine Wespentaille. Na ja, Wespe? Heute eher Hummel.« Stopp – nicht abwerten.

»So schlimm sind meine Waden eigentlich gar nicht. Ziemlich straff, kommt vom Radfahren. Die Oberarme sind schon ganz schön schwabbelig. Puh, wie Sülze. Ekelig.« Stopp, nicht beschimpfen!

»Okay, die Oberarme sind dick. Meine Hände, ja meine Hände sind schön. Die können zupacken, keine Wurstfinger. Oder doch Wurstfinger? Na ja, Pianistenhände sind das ja gerade nicht ...« Stopp.

Ich sehe Sie gerade das Gesicht verziehen. Die Vorstellung, dass Sie sich so vor dem Spiegel anschauen sollen, macht Sie schwermütig? Gehören Sie zu den Frauen, die jeden Blick in den Spiegel vermeiden – die vielleicht gar keinen Spiegel zu Hause haben, weil sie sich nicht ansehen mögen? Und schon gar nicht nackt!?

Diese Scheu zu überwinden, ist ein großer Schritt zur Selbstliebe. Wie kann ich mich lieben, wenn ich mich nicht einmal anschauen mag? Lieben heißt erkennen, wie es schon in der Bibel über Adam und Eva heißt: »Und sie erkannten sich«. Heißt übersetzt: Sie entdeckten die Liebe.

Und jetzt geht es also darum, die Liebe zu sich selbst zu entdecken. Es kann sein, dass Sie einen tiefen inneren Widerstand spüren, sich anzuschauen und auch noch Gutes an sich zu entdecken. Ich glaube, ich erzähle Ihnen nichts Neues, dass dies besonders Frauen schwerfällt, die als Kind nicht die Botschaft mitbekommen haben: »Du bist wundervoll, so wie du bist!« Wenn es Sie tröstet: Dieses Mangelgefühl tragen viele Frauen mit sich herum, egal in welcher Kleidergröße! Noch mal, sich dick fühlen heißt nicht, dick zu sein. Sich dick fühlen hängt an keinem Gewicht.

Annette Auch-Schwelk, Selbstbewusstseins-Coach und Sexualpädagogin aus Köln, fällt bei ihren Beratungen auf, dass »Frauen meistens ihren Hintern, ihre Hüften, ihren Bauch und ihre Brüste nicht mögen. Also genau die weiblichen Merkmale. Sehr oft sind ihnen diese Körperteile in der Pubertät von der Mutter schlechtgemacht worden mit Bemerkungen wie ›Du hast aber auch einen Hintern gekriegt!‹« Und sie erinnert sich an eine Frau, deren Freund ihr mit 17 gesagt hat: »Wenn du ein bisschen schlanker wärst, dann wärst du meine Traumfrau!« Autsch, das sitzt.

Manchmal schaffen es Eltern ein Leben lang nicht, ihrem Kind diese bedingungslose Grundliebe zu geben, die wir so sehr bräuchten. Eine meiner »Rubensfrauen«, nennen wir sie Marlies, einsfünfundsiebzig groß, langes blondes Haar, 80 Kilo, erzählte die klassische Geschichte: Die Eltern konnten ihr wenig Selbstbewusstsein mitgeben, schon als Achtjährige hat ihre – selbst dicke – Mutter ihr immer gesagt: »Du bist dick!«

Marlies trug bis zu ihrem fünfunddreißigsten Lebensjahr nur Schwarz. Hose, Pulli, Jacke drüber. War sehr erfolgreich in ihrem Job, hatte nette Freundinnen, lebte allein. Dann musste sie erstmals eine Dienstreise nach Ägypten machen. Marlies erzählt: »Ich ging über einen Platz und hörte plötzlich Männer hinter mir herpfeifen. Eine Gruppe von Bauarbeitern. Und das ging so weiter. Also wirklich, die ägyptischen Männer sind ausgeflippt, wenn sie mich gesehen haben, auch meine Gesprächspartner. Ich habe sie dafür verachtet, dass sie mich nur als fieses Sexobjekt sehen. Ich war richtiggehend beleidigt, dass sie nicht Marlies, den klugen, tüchtigen Menschen gesehen haben, sondern nur meinen Körper.«

Als sie wieder zu Hause war, hat sie ihre Erlebnisse einem schwulen Freund erzählt. Er hat sie lachend in den Arm genommen und gesagt: »Marlies, du bist die Claudia Schiffer des Nahen Ostens!« Und sie konnte erstmals darüber lachen. »Ich habe gedacht, ist doch eigentlich ganz nett, dass dort mein Körper geschätzt wird.«

Das Seltsame ist – dieses Erlebnis hat ihr ganzes Leben verändert. »Diese Männer haben sich nicht über mich lustig gemacht, das habe ich an ihren Augen gesehen, sondern die haben mich wie eine ganz normale Frau angesehen – und begehrt.«

Du bist eine wunderbare Frau!

Nach einigen Tagen hat eine Kollegin im Büro sie gefragt: »Du siehst toll aus, hast du abgenommen?« Blöde Frage, schöne Aussage. Marlies: »Ich habe mich wohl anders bewegt, anders geschaut. Ich habe mich sehr über diese Bemerkung gefreut. Es geht mir gut damit. Ich fühle mich seit Ägypten wie eine richtige Frau. Nicht mehr als die Dicke, die beweisen muss, dass sie auch was kann.«

Marlies hat begonnen, buntere Farben zu tragen. Sie hat sich ein Kleid gekauft, das ihre Formen preisgibt: »Das war für mich revolutionär!« Marlies hat erlebt, was ich in Seminaren immer wieder empfehle: Holt euch euer Selbstbewusstsein auch von außen. Verändert etwas und schaut, welches Feedback ihr bekommt. Probiert etwas aus, spielt mit Veränderungen, zeigt euch, so wie ihr seid. Denn ihr seid wunderbare Frauen!

Annette Auch-Schwelk rät Frauen, sich auch mal andere Frauen anzuschauen, in der Sauna, beim Sport: »Gucken Sie sich mal ganz normale Frauen an, unser Blick ist so getrübt von den Werbefotos rings um uns herum. Es gibt einen herrlichen Bildband von Herlinde Koelbl mit Fotos von lauter normalen, dicken Frauen. Das Betrachten dieser Fotos hilft, sich nicht so einzigartig allein zu fühlen. Und es ermutigt darüber hinaus, das eigene Alter leben zu dürfen – wir müssen keine Kindfrau in Size Zero sein.«

Wenn Sie Lust haben, läuten Sie eine zweite Runde Selbstbetrachtung ein: Fragen Sie Ihre Kinder, ihren Mann/Freund etc., Ihre beste Freundin: »Was magst du an mir?« Und vielleicht wird Ihr Kind sagen: »Mama, du bist so schön weich.« Vielleicht wird Ihr Mann sagen: »Du hast die schönsten Brüste/schönsten Hintern/süßesten Fettwanst der Welt.« Vielleicht wird Ihre Freundin sagen: »Wenn du mich in den Arm nimmst, kann die Welt mir gar nichts.« Hören Sie genau zu, halten Sie es aus, dass diese lieben Menschen Ihnen sagen, dass Sie wunderbar sind. Und – hören Sie nur zu! Sagen Sie sich selbst »Stopp«, wenn Sie ansetzen zu widersprechen. Sagen Sie höchstens: »Mehr!«

*Sie sind einzigartig.
Das heißt nicht besser oder schlechter,
sondern einfach anders!*

Probieren Sie es aus, sich selbst mit liebevollen Augen zu sehen und sich ansehen zu lassen. Vielleicht macht es Ihnen ganz einfach Spaß. Und wenn Sie sich mit Ihrem Körper versöhnen, machen Sie es doch wie die 16-jährige Julia, die ihren Speckröllchen Namen gegeben hat: Ihr Bauchröllchen heißt beispielsweise Eliza. Wenn wir unseren Körper ansehen und »aushalten« können, sind wir auf dem Weg zur Selbstliebe. Also, die Germanys-next-Magersüchtige-Brille absetzen und den wertschätzenden Blick schweifen lassen.

Produktive Vernunft nennen Psychologen die Fähigkeit, einfach hinzuschauen, wahrzunehmen, zu registrieren. Ja, ich habe einen dicken Bauch, runde Waden, ein glattes Gesicht … Ohne zu werten. Einfach schauen, aushalten, schauen: »Hallo, ich.« Denken Sie daran: Als Kind haben Sie lange gebraucht, bis Sie gelernt haben, sich selbst zu beschimpfen. Es wird ein bisschen dauern, das wieder abzustellen.

Übrigens: Die Stopp-Methode, die ich Ihnen oben vorgestellt habe, ist sehr hilfreich, um aus Missachtung und Selbstbeschimpfung herauszukommen. Der Psychologe Martin Seligman empfiehlt dazu einen kleinen Trick: Tragen Sie um Ihr Handgelenk ein Schnippgummi (Bürogummiband), locker genug, dass es Sie nicht einengt, aber stets zur Stelle, wenn Sie in negative Gedanken verfallen, räsonieren, sich grämen oder selbst abwerten. Sobald Sie merken, was Sie tun, ziehen Sie das Gummibändchen lang und lassen Sie es auf Ihr Handgelenk schnippen. Der kleine kurze Schmerz, den Sie spüren, wirkt wie ein Gedankenunterbrecher. Autsch. Okay, ist gut. Ich hör ja schon auf.

Oder Sie bitten jemanden, Sie zu stoppen, wenn Sie in die alte Litanei der Selbstbeschimpfung verfallen. Suchen Sie sich einen Aufpasser, der Ihnen das Stopp-Schild zeigt, wenn Sie über Ihre eigene Unfähigkeit zu jammern beginnen. Jemanden wie meinen Mann, dem ich am Anfang unserer Beziehung oft vorgejammert habe, was ich wieder falsch gemacht habe, wie unvollkommen ich bin. Er hat mich in den Arm genommen und gesagt: »Niemand beschimpft meine Frau! Auch sie selbst nicht.« Wow.

Die Lösung ist, auszuhalten, dass wir anders sind als andere Menschen. Vielleicht dicker, vielleicht weicher, vielleicht kleiner, vielleicht naiver, vielleicht sozialer, vielleicht begabter ... Die legendäre Familientherapeutin Virginia Satir schreibt in ihrem Buch *Meine vielen Gesichter*: »Wenn wir in einem Garten unterschiedliche Blumen wahrnehmen, fällt es uns leicht, eine Vielfalt zu sehen, an der wir uns erfreuen. Wir empfinden die Vielfalt und Abwechslung als positiv. Wenn wir dagegen bei einer Gruppe von Menschen feststellen, dass sie sich, wie die eben genannten Blumen, voneinander unterscheiden, neigen wir dazu, diese als Andersartigkeit zu sehen. Von solcher Andersartigkeit erwarten wir nur Schwierigkeiten, bekommen Angst und wollen damit nichts zu tun haben. Ich denke, dass uns im Leben vieles verloren geht, weil wir unsere Einmaligkeit nicht erkennen.«[32]

Virginia Satir ist überzeugt, dass wir unser Potenzial nicht leben können, wenn wir die Andersartigkeit ablehnen und uns nach Ähnlichkeit sehnen. Wenn nur Ähnlichkeit Sicherheit bietet, dann werden wir immer versuchen, so zu sein wie die anderen. Und das heißt in der heutigen Welt der Dünnen: »Speck ab!«. Das Ergebnis: Wir verlieren unsere Einzigartigkeit, konzentrieren unsere Energie auf die Defizite, nicht auf die Fülle. Hier noch einmal den Satz, den wir uns alle an den Spiegel stecken sollten: Nicht das Dicksein ist gefährlich, sondern das Leben, das wir dahinter führen.

Verändern Sie den Fokus auf Ihr Leben

Ja, Sie sind einzigartig, anders als irgendein anderer Mensch auf der Welt, einzigartig wie Ihr Fingerabdruck. Und das heißt nicht besser oder schlechter, sondern einfach anders. Das gilt auch für das, was sich unter der Haut verbirgt. Das gilt für unsere Gedanken und Fähigkeiten, für unseren Charakter und unsere Erfahrung, unsere Wünsche und Ziele, für die Welt, die sich in unserem Kopf abspielt. Wenn wir unter der Prämisse »Ich bin dick!« durchs Leben laufen, treten all diese einzigartigen, wunderbaren Dinge zurück, die uns auch als Mensch ausmachen. Dann fühlt sich unser Leben so an: Alles, was wir können, alles, was wir sind, wird unter einem einzigen Begriff begraben: Ich bin dick.

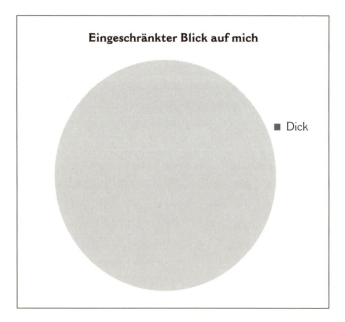

Wenn wir uns aber im Ganzen ansehen, unsere ganze Persönlichkeit, die mehr ist als ein paar Pfunde zu viel, dann können wir den Fokus vom übermächtigen Dicksein weglenken zu unseren Eigenschaften, unseren Fähigkeiten und unserem Handeln. Wenn wir aufhören, uns über das Dicksein zu definieren, können wir unsere strahlende Persönlichkeit entdecken. Und dann kann unser Bild auf unser Leben so ausschauen:

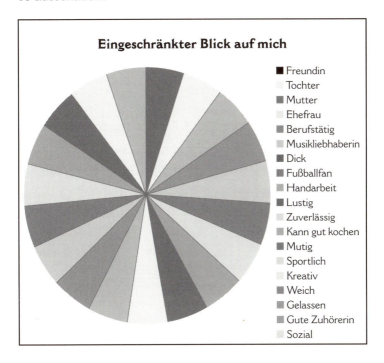

Wenn wir das ganze bunte Spektrum dessen anschauen, was uns als Persönlichkeit ausmacht, wie im obigen Tortendiagramm, dann wird deutlich, dass die Tatsache, dass wir auch dick sind, nur ein kleines Stück zwischen vielen anderen ist. Oder, wie es eine der erfolgreichen Rubensfrauen in unserer Runde gesagt hat: »Ich fühle mich normalerweise

167

total schlank, wenn ich mich dann auf Fotos sehe, bin ich manchmal total schockiert.«

Nehmen Sie sich an dem obigen Tortendiagramm (schönes Wort übrigens ☺) ein Beispiel und schreiben Sie doch für sich mal auf, was Sie können, wie Sie sind, was Sie tun. Und zeichnen Sie dann Ihre ganz persönliche Torte. Ein Tipp: Bevor Sie zu zeichnen beginnen, sammeln Sie erst alles und schreiben es auf. Sie werden sich wundern, wie viele Tortenstücke Sie zeichnen müssen, egal ob Sie berufstätig sind oder Ihre Familie managen (oder beides), egal ob Sie gerade erfolgreich ein Projekt leiten, noch in der Ausbildung sind, ob Sie auf Stellensuche oder schon pensioniert sind. Was Sie können, ist immer das gleiche, ob Sie es gerade anwenden oder nicht.

Wenn Ihnen die Auflistung alleine schwerfällt,
› was Sie können oder mal gekonnt haben,
› was Sie in Ihrem Leben geleistet haben oder leisten,
› wie Sie sind,
› was Ihre Familie, Freunde, Kunden, Vorgesetzten an Ihnen schätzen,

dann bitten Sie liebe Menschen, Ihnen bei Ihrem »Stärkenprofil« zu helfen. Wie wäre es mit einer »Stärkenprofil-Party« in froher Runde (meinetwegen auch bei Kaffee und Kuchen). Sie werden sich wundern, was andere alles in Ihnen sehen!

Anke von Platen[33] aus Ronnenberg bei Hannover, die als Coach Menschen bei Veränderungen begleitet, erlebt immer wieder, dass es gar nicht so einfach ist, die eigene Konstitution als gut und hilfreich zu erkennen: »Dieses Verständnis beim Einzelnen herzustellen und zu schauen, welche positiven Eigenschaften habe ich denn mit meiner Konstitution, hilft sehr. Aber das ist gerade bei von Natur aus eher stabilen Typen schwierig, weil sie sich gerne um andere zuerst kümmern. Sie möchten, dass es allen anderen gut geht und dann schauen sie erst auf sich. Dabei ist es spannend zu betrachten, welche Vorteile habe ich denn mit meiner individuellen Natur? Dies kann zum Beispiel sein: Strukturiertheit, Geduld, hohe Zuverlässigkeit, Güte, Wärme, guter Gastgeber, hohe Ausdauer, Liebe zum Detail ...«

Es lohnt sich also wirklich, sich die Zeit zu nehmen und den Blick auf sich selbst auszuweiten. Diese Übung dient einem aufmerksamen Umgang mit sich selbst. Sie können sich von Ihrem Übergewicht beherrschen lassen. Oder Sie können akzeptieren, dass Ihr Übergewicht zu Ihrem Leben gehört. Das heißt: Wenn Sie nicht wollen, dass sich die Pfunde wie ein Grauschleier auf Ihr Leben legen, müssen Sie die Relation herstellen: Was sind fünf, 15 oder 25 Kilo gegen das, was sonst Ihr Leben ausmacht? Diese Relativierung kann uns helfen, unseren Frieden mit unserem Gewicht zu machen.

Oder wie Gesundheitscoach Anke von Platen sagt: »Die eigene Konstitution zu entdecken und zu verstehen, dass wir alle einzigartig und individuell sind, ist ein Prozess der Selbstliebe und Selbstachtung. Wenn das Gefühl dabei entsteht, ich bin, so wie ich bin, und ich bin gut, ist das Ziel erreicht.«

Die Kunst, auf mich zu achten

Die amerikanische Professorin Ellen Langer von der Harvard University gilt als eine der weltweit wichtigsten Psychologen, die sich mit dem Forschungsgebiet »Mindfulness« beschäftigen, ich übersetze diesen Ausdruck am liebsten mit »Geistesgegenwart«. Diese Geistesgegenwart ist das Gegenteil von Geistesabwesenheit. Um den Unterschied zu erklären: Sie kennen vielleicht Situationen, in denen wir völlig »weggetreten« Dinge tun, zum Beispiel essen. Wir öffnen eine Packung Kekse und genießen den ersten, den zweiten. Wir nehmen uns eine Zeitung oder ein Buch und lesen. Nach einer Stunde »wachen wir auf« und sehen die leere Keksschachtel neben uns. »Wer hat die ganzen Kekse gegessen?« Wir haben nicht gemerkt, wie wir die Schachtel geleert haben – wir haben aber auch nichts geschmeckt, nicht genossen. Das ist Geistesabwesenheit.

Ellen Langer meint nun, dass das Lebensziel sein sollte, geistesgegenwärtig zu sein: Sehen, was ist, hören, was ist, riechen, schmecken – ganz allgemein wahrnehmen, was wir tun. Sie bittet Menschen, morgens ihren Orangensaft nicht einfach hinunterzuschütten, sondern ihn zu schmecken, sich die Frage zu stellen: »Ist dieser Saft wirklich, was ich trinken will? Oder will ich etwas anderes? Was will ich dann? Und woher bekomme ich es?« Oder sie bittet Menschen, morgens auf dem Weg zur Arbeit statt nach rechts einmal nach links abzubiegen, dadurch überhaupt die Straße zu erkennen, die ansonsten – mit den Augen auf das Pflaster »geheftet« – hinuntergetrottet wird.

Ellen Langer ist davon überzeugt, dass diese Geistesgegenwart uns näher zu einem gesunden Leben führt als alle Programme, die uns jemand anderer vorschreibt. Sie empfiehlt sogar eine »geistesgegenwärtige Gesundheit«: »*Mindful Health* dreht sich nicht darum, richtig zu essen, Sport zu machen oder medizinischen Empfehlungen zu folgen, aber auch nicht darum, dies alles abzulehnen. Sie dreht sich nicht um New-Age-Medizin oder um ein traditionelles Verständnis von Krankheit. *Mindful Health* dreht sich darum, unser Hirn von einengenden Einstellungen zu befreien und den Grenzen, die sie unserer Gesundheit und unserem Wohlgefühl setzen, und zu erkennen, dass wir selbst die Hüter (Guardians, wie sie sagt) unserer eigenen Gesundheit sind.«[34]

Dieses Verständnis von Gesundheit ist meiner Meinung nach revolutionär. Es führt uns aus Experten-Hörigkeit heraus, aber auch aus Trotz, Schuld, Stress und schlechtem Gewissen. (Wussten Sie, dass die Hälfte aller Patienten ihre Medikamente, die sie vom Arzt verschrieben bekommen haben, nicht oder gegen die Vorschrift nehmen?) *Mental Health* kann dicken Frauen die Freiheit und die Verantwortung für ihren Körper zurückgeben. Die geistesgegenwärtige Gesundheit richtet sich nicht gegen irgendetwas oder jemanden, sondern sie öffnet Ihnen die Welt hin zu Ihrem eigenen Erkennen und eigenen Handeln.

Zwei interessante Studien hat die Psychologin Ellen Langer mit ihrem Team zum Thema *Mindful Health* gemacht:

1979 hat sie männliche Bewohner eines Altersheims um die 80 Jahre eine Woche in einem Haus betreut, das wie im Jahr 1959 eingerichtet war. Sie hat den Männern gesagt, sie sollten sich so verhalten, wie sie sich vor 20 Jahren gefühlt haben. Nach dieser einen einzigen Woche hatten die Männer erstaunliche Veränderungen aufzuweisen:
- die Gelenke sind beweglicher geworden
- die Finger sind »länger« geworden, weil ihre Arthritis zurückgegangen ist und sie ihre Finger weiter haben ausstrecken können
- die Geschicklichkeit ihrer Hände hat sich gebessert
- in Intelligenztests haben 63 Prozent besser abgeschnitten als vor dem Experiment
- ihr Gang ist kraftvoller geworden
- ihre Körperhaltung hat sich gebessert
- sie sind etwas größer geworden
- und sie haben – bei älteren Menschen oft ein gutes Zeichen – Gewicht zugelegt.

Ellen Langer sagt zu dieser Studie: »Sie hat nicht nur meinen Blick aufs Altern verändert, sondern ich glaube seither immer weniger, dass Biologie Schicksal ist. Es ist nicht unsere Physis, die uns vor allem einschränkt, sondern unser Denken über die Grenzen unserer Leistungsfähigkeit.«

In einer anderen Studie, gemeinsam mit der Psychologin Judith Rodin, hat Ellen Langer Frauen in Altersheimen psychologisch untersucht: Diesen Frauen hatte man über-fürsorglich alle Lasten und Pflichten abgenommen, sie lebten rundum versorgt wie die Zimmerpflanzen – aber nicht einmal ihre Blumen gießen durften sie selbst. Solch ein Leben ist Mord auf Raten, stellten die Psychologinnen fest.

Denn einige Frauen, für die Langer und Rodin durchsetzen konnten, dass sie zumindest die Blumen in ihren Zimmern »eigenverantwortlich« gießen durften und auch sonst weitere kleine einfache Pflichten übernommen haben, lebten Jahre länger als Frauen, denen jede Verantwortung abgenommen worden war. Leben, das zeigt diese Studie, hat etwas mit Sorgen zu tun: für sich sorgen, für andere sorgen, für die Blumen sorgen und sich selbst um vieles kümmern. Andernfalls entsteht Lebens-Unlust. In jedem Lebensalter. Lebenskunst ist Geistes-Gegenwart, statt Geistes-Abwesenheit

Welche Bedeutung haben solche Studien für Frauen, die dick sind? Wenn es stimmt, dass unser Verstand unseren Körper beeinflusst, dann spielt es eine große Rolle, ob wir von uns denken: »Ach, ich bin ja zu dick, ich kann mit den anderen nicht mithalten, es hat ja doch keinen Sinn«. Oder ob wir denken: »Ich bin dick. Aber das ist nicht mein Lebensthema. Ich mache, was mir gefällt, ich zeige mich, ich mag mich, ich gestalte mein Leben!« Es heißt aber auch: Sorge für dich selbst. Oder in Anlehnung an einen berühmten Buchtitel: Sorge für dich, lebe! Sie sehen, Selbstliebe kann man in allen Kleidergrößen lernen.

Professor Dr. Gerald Hüther ist Deutschlands renommiertester Entwicklungsbiologe und Hirnforscher. Der Vater von drei Kindern hat ein zauberhaftes Kinderbuch[35] zusammen mit der Autorin Inge Michels geschrieben. Im Anhang für Eltern schreibt er: »Denn das ist das Besondere an der Liebe: Wer wirklich geliebt wird, weiß und fühlt, dass er mit dem Menschen, der ihn liebt, aufs Engste verbunden ist. Er weiß, dass dieser Mensch, der ihn liebt, sich zutiefst wünscht und alles, was in seiner Macht steht, auch tut, um es dem geliebten Menschen zu ermöglichen, seine Potenziale entfalten und über sich hinauswachsen zu können.«

Sei der Mensch, der dir hilft, über dich hinauszuwachsen!

Ein Satz, den ich mehrmals lesen musste. Der mich dann aber wirklich verzaubert und gerührt hat. Bei einem Kind ist dieser Mensch normalerweise Vater oder Mutter. Schade, wenn wir selbst als Kind diese innige Liebe so nicht gespürt haben, niemanden hatten, der uns geholfen hat, in unserer vollen Größe und Schönheit zu erblühen.

Mir fällt auf: Vielleicht kommt der ewige Hunger, den viele von uns Dicken verspüren, von diesem Mangelerlebnis. Doch ich bin überzeugt, dass wir als Erwachsene eine zweite Chance bekommen: nämlich die Liebe zu uns selbst aufzubauen. Lasst uns versuchen, dass wir selbst der Mensch werden, der uns hilft, über uns hinauszuwachsen. Der geistesgegenwärtig alles dafür tut, dass es uns gut geht. Seien wir der Hüter unserer Gesundheit!

Übrigens: Allen Müttern, Großmüttern, Tanten, Lehrerinnen und Erzieherinnen empfehle ich wärmstens das Buch von Gerald Hüther und Inge Michels, damit wir nicht die gleichen Fehler wie unsere Eltern machen.

Das gilt auch für die Unterstützung von mutigen Entscheidungen, von Erfahrungen, die jedes Kind und jeder Erwachsene machen muss, um zu lernen. Darum geht es im zweiten Lösungs-L-Kapitel: Lust, in diesem Fall der Lust auf Veränderungen in Ihrem Leben. Ziel: das Leben in Fülle zu genießen. Seien Sie ein fröhliches Mitglied der Generation XXL.

Lust: Erkennen, was wirklich wichtig ist

Das Leben genießen, die Lebenslust steigern – jawohl, das geht in jeder Kleidergröße. Hier ein Beispiel einer dicken Frau, die genau dies alles geschafft hat. Ich habe Ihnen im Kapitel »Wie ein dickes Mädchen sich mächtig fühlte« eine kleine Geschichte von Steffi Denk erzählt, dem kleinen Mädchen aus Niederbayern, das einen großen Buben, der es geärgert hatte, mit dem Schirm verdroschen hat.

Was ist aus der kleinen Steffi geworden? Das »Pummerl«, wie sie sich selbst nennt, hat in der Realschule ihr komödiantisches Talent erkannt und hat damit ihre Lehrer überrascht: »Ich wusste ja gar nicht, was in dir steckt, Steffi«, hat eine Lehrerin gesagt. Sie hat im Chor gesungen und in der Theatergruppe mitgespielt, durfte sogar zusammen mit dem Lehrer Regie führen. »Wenn ich Theater gespielt habe, habe ich vergessen, dass ich dick war«, erzählt sie.

In der Berufsberatung hat sie die Beraterin gefragt: »Was ist mit Musik. Kann ich da irgendeine Ausbildung machen?« Und die wusste von einer Schule in Plattling, der Berufsfachschule für klassische Musik. Die Aufnahmeprüfung bestand sie nach nur drei Monaten Gesangsunterricht. Steffi Denk: »Das war der erste Triumph in meinem Beruf.«

Nach zwei Jahren war sie staatlich geprüfte Singschullehrerin, anschließend am Music College in Regensburg staatlich geprüfte Laienmusikerin. Aber das Wichtigste war der Mentor, der sich ihr mit 16 annahm, ein Berufsmusiker, der ihr Talent erkannte und sie auf die Bühne brachte. Heute, mit 30, ist Steffi Denk Berufssängerin, Mezzosopran zwischen Jazz, Gospel, Pop und Soul, die Spaß am Singen und am Witzigsein hat.

Der berühmte Big-Band-Leiter Max Greger hörte sie bei einem Konzert in München und engagierte sie vom Fleck weg für eine Tournee mit Paul Kuhn und Hugo Strasser, die sie u.a. in den Friedrichstadt-Palast in Berlin, ins Leipziger Gewandhaus und die Alte Oper in Frankfurt führte. »Auf der Bühne, wenn du singst, interessiert es niemanden, ob du dick bist. Aber wenn ich baden gehe, dann hatte ich lange Probleme«, erzählt Steffi Denk, die heute weit über 100 Kilo wiegt. »Im Badeanzug sieht niemand, dass du eine tolle Sängerin bist.«

Sie ist ausgeglichener, erzählt sie, seit sie 2008 über ein Internet-Portal für Rubensfrauen einen Mann kennengelernt hat. »Ich gewinne so viel dadurch, dass er mich akzeptiert und mag, wie ich bin.« Ihm ist egal, wie viel sie wiegt. Er liebt sie.

»Ich weiß nicht, wie es ist dünn, zu sein«, sagt Steffi Denk am Ende unseres Interviews, »ich war es noch nie.« Und dann sagt sie: »Ich würde nichts aus meinem Leben fürs Dünnsein hergeben. Ich definiere mich ja auch über meinen Körper. Wer bin ich denn dann, wenn ich dünn wäre?«

Wie gesagt, auf der Bühne spielt das alles sowieso keine Rolle. Wie schreibt die *Mittelbayerische Zeitung*[36] in Regensburg über einen Auftritt von ihr: »Große Stimme und niederbayerischer Charme. Als verdammt ehrliche Haut kommt sie rüber, als eine, die tatsächlich authentisch ist und bei der sich Stimme, Können und Charme zu einer unwiderstehlichen Bühnenpräsenz mischen.«

Das erinnert mich an etwas, was ich von der Psychologin Ellen Langer gelesen habe. Sie sagt von sich, dass sie sehr gerne, sehr oft und nicht besonders gut singt. Ist ihr das peinlich, dass andere Menschen sie nicht für Maria Callas oder Madonna halten?

»Nein«, sagt sie. »Ich bin nicht beschämt über mein mangelndes Talent. Ich akzeptiere meine Art zu singen. Weil ich sie akzeptiere, bewerte ich mich nicht selbst. Und deshalb denke ich auch nicht darüber nach, wie toll mich die anderen finden«.

Das ist gelebte Selbst-Liebe. Das ist die pure Lust am Leben und heißt erkennen: »So viel kann ich. Das zeige ich. Das setze ich ein. Denn wenn ich mein Talent verberge, kann ich nichts dazulernen.« Wenn Sie Ihre Lust-Sensoren hinter allen »Ich-bin-zu-dick-Mauern« freilegen, können Sie erkennen: Was wollten Sie immer schon mal machen? Wofür ist jetzt die Zeit gekommen?

Ist Ihnen das auch schon mal aufgefallen: Wenn Sie sagen, dass Sie eine Diät machen und abnehmen wollen, fragt Sie niemand, warum. Das scheint allen vernünftig zu sein. Wenn Sie sich aber fröhlich hinstellen und verkünden, dass Sie gerne dick sind, dann müssen Sie mit unterschiedlichen Reaktionen rechnen: von Überraschung, Spott, Unverständnis bis zum offenen Angriff. »Wie kann eine solche Dicke einfach essen, was sie will, und dabei glücklicher sein als ich?« Das ist eine Provokation. Wissen doch alle Deutschen, dass Dicksein schlimmer ist als seine Eltern belügen oder bei der Steuer schummeln.

Marilyn Wann, eine amerikanische Kämpferin für das Recht auf Dicksein, selbst 130 stolze Kilo wiegend, hat in ihrem Buch »Fat! So?« Frauen gefragt, warum sie gerne dick sind. Hier ein paar Antworten:
› Meine Freunde mögen mich, so wie ich bin.
› Ich bin einzigartig, nicht so eine Ausstechform.
› Ich schaue jünger aus, als ich bin – keine Falten.
› Menschen umarmen gerne einen weichen Menschen.
› So sehe ich aus wie eine Fruchtbarkeitsgöttin.
› Die Leute gehen mir aus dem Weg, wenn ich es eilig habe.
› Ich bin nicht winzig und hilflos.
› Ich habe mehr Fläche für Tattoos.

› Es ist ein Teil von mir und ich mag es.
› Ich habe Gewicht hinter allem, was ich tue.

Wie geht es Ihnen, wenn Sie diese Antworten lesen? Ehrlich: Ich habe beim erstmaligen Lesen bei mir folgende reflexartige Reaktionen registriert: Das sind alles Ausflüchte – Selbstbetrug – Schönrederei – Entschuldigung – Militanz. In mir war anfangs nichts als Abwehr. Und dann habe ich mich einmal hingesetzt und überlegt, was würde ich aufschreiben, warum ich gerne dick bin, wenn ich gerne dick wäre:

Warum ich gerne dick bin

› Ich bin nicht zu übersehen.
› Ich habe viel Energie.
› Ich schaffe vieles, was Dünne nicht schaffen.
› Ich bin einzigartig.
› Ich mache anderen Frauen Mut.
› Ich bin für männliche Coachingkunden »die große Mutter«.
› Ich bin weich und gut anzufassen.
› Ich kann gut alleine reisen.
› In meinen Armen finden Menschen Trost.
› Ich habe etwas zuzusetzen, wenn ich mal krank würde.
› Ich sprenge Normen.
› Im Taxi darf ich immer vorne sitzen, wenn wir zu mehreren sind.
› Ich habe wenig Falten.
› Ich werde bestimmt nicht übersehen.
› Ich brauche mich nicht »damenhaft« zu benehmen.
› Ich nutze meine Energie, um wirklich wichtige Dinge zu tun.

> Ich trete nicht ständig mit anderen Frauen in Konkurrenz.
> Ich habe einen guten Resonanzboden für meine Stimme.
> Ich kann essen, was mir schmeckt.

Ehrlich gesagt, es stimmt alles, was da steht. Erinnern Sie sich an den Satz: Der Mensch tut nichts, wovon er nichts hat? Ja, ein großer Teil von mir ist gerne dick, so zwanzig Kilo von meinem Übergewicht. (Sie wissen, die anderen teilen sich auf in Talent, Trotz und Trance, Stress und Traurigkeit). Ich finde, Dicksein hat seinen Reiz. Und ich profitiere davon, da bin ich mir sicher.

Deshalb habe ich auch aufgehört, auf der Bühne oder in einem Fernsehstudio den Bauch einzuziehen. Früher habe ich gedacht, ich wirke dadurch dünner. Pustekuchen (ich bekomme auch beim heftigsten Baucheinziehen die Hüften nicht schmaler!). Dafür habe ich mit eingezogenem Bauch keine Luft zum Atmen mehr, und das ist ziemlich doof für die Stimme. Kennen Sie das, wenn Frauenstimmen immer höher, manche sagen »hysterischer«, werden, weil der Atem nicht reicht? Nee, der Preis ist zu hoch. Bauch raus, Brust raus, eine klangvolle Stimme und »nehmt mich, wie ich bin«.

Haben Sie Lust, mal aufzuschreiben, was Ihnen einfällt, warum Sie *eigentlich* gern dick sind? (Das *eigentlich* ist für alle Frauen, die glauben, dass sie lieber dünn wären.) Welchen Vorteil hat Ihr Übergewicht? Welche Gefühle sind damit verbunden? Welche Erlaubnisse? Seien Sie ehrlich mit sich selbst, ich war es auch zu Ihnen.

Vielleicht schaffen Sie es dadurch, mit den _____ (hier bitte Ihre Zahl einsetzen) Kilo zu viel, dem dicken Bauch, den prallen Oberarmen Freundschaft zu schließen. Die Freundschaft zu Ihrem Körper aufzubauen heißt gleichzeitig, Frieden schließen mit sich selbst. Also, rauchen Sie die

Friedenspfeife mit Ihrem Fett (okay, vielleicht ein schiefes Bild, aber Sie wissen, was ich meine). Legen Sie die Waffen nieder. Denn: Gemeinsam sind Sie stark! Sie und Ihr Körper, das ist wie: Winnetou und Old Shatterhand, Tim und Struppi, Hanni und Nanni; Tick, Trick und Track; Schneewittchen und die sieben Zwerge; Ali Baba und die vierzig Kilo, äh, Räuber ... (Ich muss dringend was essen, immer wenn ich Hunger habe, werde ich albern).

Rituale für das neue normale Leben

Dreierlei Tatsachen können wir mittlerweile abhaken:
> Sie sind dick.
> Sie mögen sich, dick wie Sie sind.
> Sie sind *eigentlich* gerne dick.

Jetzt ist es an der Zeit, das Thema Diät aus Ihrem täglichen Wortschatz und aus Ihren Gedanken zu streichen. Vielleicht helfen Ihnen dabei einige Rituale, Abschiednehmen, Wegwerfen, Verkaufen, Verschenken ...

Ich erinnere mich, dass ich vor etwa drei Jahren eine Rezension über ein Buch eines amerikanischen Fitnesstrainers gelesen habe. Ich glaube, es war der Trainer, der Heidi Klum nach ihrem zweiten Kind ruckzuck wieder schlank gekriegt hat. Ich war gerade mal wieder in so einer Stimmung von »Ich muss mal wieder was tun, vielleicht geht es wirklich nur durch Bewegung, also, wenn da tolle Übungen drin sind ...« Also, ich habe ein Buch gekauft, es war ansprechend aufgemacht und gar nicht billig.

Nach den ersten Seiten habe ich eine irre Wut auf den Autor bekommen. Mit welcher abgrundtiefen Verachtung er über »dicke« Frauen geschrieben hat. Also, ab Größe 42 gehörte man seiner Meinung nach zu den Fastfood fressenden

Couch-Schlampen, mit denen man gar nicht mehr arbeiten bräuchte, da wär eh schon alles verloren. Ich war so verletzt und wütend, dass ich mir meine schärfste Papierschere geschnappt habe und das Buch in Tausend Schnipsel zerlegt habe. Nennen Sie diesen gewalttätigen Akt ruhig Voodoo im Alltag. Mir ging es danach jedenfalls wieder besser.

Manchmal brauchen wir solche Rituale, um uns von alten Kränkungen, Selbstbestrafungen und falschen Hoffnungen zu trennen. Und um aus dem größten Frauennetzwerk der Welt auszutreten: das Netzwerk der Millionen Frauen, die abnehmen wollen. Das könnten hilfreiche Rituale sein:

⟩ Sie verschenken das hübsche Kleid mit dem kleinen Bolero in Größe 40, in das Sie beim Kauf schon nicht richtig hineingepasst haben, es aber trotzdem mit dem Gedanken »Eine Woche Kohlsuppe und es passt« erstanden haben, an Ihre Nichte. Weg damit, denn es erinnert Sie stets an Ihren Misserfolg!

⟩ Sie bringen Ihre Waage auf den Schrottplatz oder machen einen hübschen Untersetzer für Ihren großen Gummibaum daraus.

⟩ Sie räumen alle Diätprodukte aus dem Kühlschrank aus, die da schon lange vor sich hingammeln.

⟩ Sie verschenken die Riesen-Knäckebrot-Räder, die Sie jedes Mal von einem Einkauf bei Ikea mitgebracht haben.

⟩ Sie bringen den schicken Nadelstreifenanzug, der vor vier Jahren das letzte Mal gut gesessen hat, in den Second-Hand-Laden. Und nehmen gleich alle Klamotten mit, die nicht mehr richtig passen.

⟩ Sie werfen all die Diätbücher vom Regal überm Ofen weg, die Ihnen regelmäßig beim Kochen die Laune verderben.

⟩ Sie bringen die seit Jahren unbenutzten Fitnessgeräte, die sie jedes Mal, wenn Sie in den Keller gehen, hämisch

angrinsen, zum Wertstoffhof (nein, nicht verschenken, wen wollen Sie denn damit quälen?)
› Sie kaufen das erste Mal seit Jahren eine Vollmilch mit 3,5 Prozent Fett und genießen sie. Wussten Sie das? Slim Milk mit 0,1 Prozent Fett ist weiß gefärbtes Wasser ohne jeden Nährwert, wie der Ernährungsexperte Volker Pudel schreibt.[37]
› Sie verbrennen die ganzen Diätbücher, Kalorientabellen und Ihre Aufzeichnungen im Gartengrill.
› Sie nehmen das vergilbte Bild von der Kühlschranktür, das Sie mit 17 und einer Traumfigur zeigt, und das Sie motivieren sollte, wieder so zu werden (wie lange hängt es schon da? Acht Monate? Und hat nichts genützt? Also!).
› Sie verscheuchen den »Dämon Essen« und begrüßen mit einem leckeren Drei-Gänge-Menü Ihr neues Motto »Essen ist Leben«.

Bei diesem letzten Ritual können Sie sich auch gleich überlegen: Wie würde ich leben, wenn ich nicht dick wäre? Also, wie würden Sie leben, wenn Sie keine Energie mehr in Selbstvorwürfe, schlechtes Gewissen und rigide Diätversuche investieren würden? Was wären Sie ohne störende Pfunde, ohne Übergewicht? Was würde aus Ihnen, wenn Sie nie mehr über Ihr Gewicht jammern könnten? Wie würde ein Leben aussehen, das Ihnen Lust bereiten würde? Für das Sie brennen würden? Das Ihnen ein Strahlen in Ihr Gesicht zaubert? (Sie finden eine Liste dazu am Ende dieses Buches.)

Erkennen, was uns ärgerlich macht

Jetzt kommen wir zum springenden Punkt. Stellen Sie sich vor, Sie würden nie mehr »ausbüxen« aus dem richtigen Leben und sich in die Diätwelt verziehen. Was würden Sie in Ihrem geistesgegenwärtigen Leben ändern, das Sie stört, ärgert, zornig macht, kränkt?

Ein Beispiel: Eine Frau, nennen wir sie Susanne, hat mit 37 Jahren, 75 Kilo und einem Dutzend Diätversuchen beschlossen, ihre Energie ins richtige Leben zu investieren. Sie hat sich hingesetzt und aufgeschrieben, was sie in ihrem Leben stört.

Das reichte von der mangelnden Anerkennung ihrer (Teilzeit-)Arbeit durch den Chef und ihre Kollegen, aber auch durch ihren Mann, nennen wir ihn Oliver (»Da bleibt doch finanziell nichts hängen. Bleib lieber zu Hause!«) bis zur Überlastung daheim mit zwei pubertierenden Kindern, deren Erziehung an ihr hing, weil der Mann als selbstständiger Handwerker jeden Tag erst spät nach Hause kam.

Da sie gern arbeiten gehen mag und ihren Mann liebt, suchte Susanne nach Lösungen, ihre Arbeitszufriedenheit und ihre Ehe zu verbessern. Ihr wurde klar: »Ich brauche mehr Aufmerksamkeit, mehr Anerkennung, mehr Freude und mehr Zärtlichkeit. Ich brauche einen Sinn im Leben. Und wenn ich davon mehr bekommen möchte, muss ich Forderungen stellen oder um Hilfe bitten. So kann es jedenfalls nicht weitergehen.«

Methode 1:
Wovon wollen Sie mehr oder weniger in Ihrem Leben?

Susanne benutzte eine Methode, die ich all meinen Coaching- und Seminarkunden vermittle. Nehmen Sie sich ein Blatt Papier, teilen Sie es durch einen senkrechten Strich und schreiben Sie über die linke Spalte: »Davon möchte ich mehr im Leben«. Über die rechte Spalte schreiben Sie: »Davon möchte ich weniger im Leben«. Und dann schreiben Sie alles auf, was Ihnen einfällt, sei es gewichtig oder banal, einfach zu haben oder scheinbar fast unmöglich. So sah Susannes Liste aus:

Davon möchte ich mehr im Leben	Davon möchte ich weniger im Leben
Lachen	Langeweile
Tanzen	Ärger mit den Kindern
Freundinnen treffen	Putzen
Anerkennung im Job	Bügeln
Zeit für mich allein	Allein sein mit Kindern
Respekt (Schwiegereltern)	Einmischung
Hilfe im Haushalt	Bemerkungen von Oliver
Ein Zimmer für mich	Frust
Sinnvolle Arbeit	Langweilige Gespräche
Guten Sex	Diäten
Zeit mit Oliver	
Spaß	
Hilfe bei der Erziehung	
Weiterbildung im Beruf	
Interessante Projekte	
Zeit für Sport	
Ausgehen	

Methode 2:
Wünsche an die gute Fee

Vielleicht ist Ihnen eine solche Liste zu »kopfig«, und Ihnen fällt überhaupt nichts ein. Dann versuchen Sie doch mal, Ihren Wünschen mit Träumen auf die Spur zu kommen.

Methode 2 heißt: »Die gute Fee«. Stellen Sie sich vor, eine gute Fee würde Sie fragen: »Du kannst dir was wünschen, was soll sich in Deinem Leben verändern? Denk dran, ich kann alles möglich machen, auch das Unmögliche. Nenn mir einfach deine Wünsche, ab morgen früh wird es so sein, wie du es willst.« Enttäuschen Sie die Fee nicht und schreiben Sie auf, wie Ihr Leben ab morgen früh aussehen soll. Schildern Sie, wie Sie aussehen, was Sie tun, wie Sie leben, mit wem und wo.

Und da Sie ein kluges Mädchen sind und wissen, dass es gar keine Fee gibt, können Sie sich vorstellen, was der zweite Schritt beider Übungen ist: Was können Sie sich von Ihren Wünschen selbst erfüllen? Mit wem wollen Sie etwas klären? Wen um was bitten? Welche Entscheidungen wollen Sie fällen? Welche Veränderungen anschieben? Das müssen übrigens nicht immer gleich lebensentscheidende Wünsche sein, sondern manchmal ist es hilfreicher, mit kleinen Minimäuseschritten anzufangen.

Da fällt mir eine Seminarteilnehmerin ein, die sich fast jeden Morgen über einen schlecht gelaunten Pförtner geärgert hat, wenn sie ins Büro gegangen ist. Irgendwann hatte sie die Nase voll, dass ihre gute Laune jeden Morgen an seinem unfreundlichen Gesicht zerschellte.

Wir überlegten gemeinsam, was sie ändern könnte, damit ihre gute Laune nicht auf der Strecke bleibt. Die Vorschläge der anderen reichten von kündigen über mit ihm reden, sich über ihn beschweren, durch den Hintereingang gehen bis: »Auf dem Fußboden an der Pförtnerloge entlang robben, damit sie keinen Augenkontakt mit ihm hat.« Gefiel ihr alles nicht so recht.

Wir kamen dann auf eine lustige Idee: Sie könnte das nächste Mal, wenn sie an ihm vorbeikommt, lachend an ihm vorbeitanzen »Morgen, morgen, morgen«! Wir haben uns schlapp gelacht über diese Idee. Und uns ausgemalt, wie er wohl reagieren würde: 1. Die Männer mit den weißen Turnschuhen rufen: »Hilfe, wir haben hier eine Irre!« 2. Sich bei der Personalabteilung beschweren: »Ich werde gemobbt«, oder 3. bei der Frauenbeauftragten: »Ich werde sexuell belästigt«. Das Wahrscheinlichste, was passieren würde, so einigten wir uns, wäre, dass er am nächsten Tag anders gucken würde, mit großen Augen: »Was macht die Irre heute?« Und sie hätte erreicht, was sie wollte, ihre gute Laune bliebe.

Ich weiß nicht, ob Sie sich getrauen würden, durch die Lobby Ihrer Firma zu hüpfen? Also, meine Seminarteilnehmerin hat es auch nicht getan, aber sie hat Entscheidendes geändert: Sie geht heute lächelnd an ihm vorbei, sagt fröhlich »Guten Morgen« und denkt sich »Ich könnte auch anders!« Sie hat getan, was die amerikanische Schriftstellerin Amy Tan rät: »Wenn du dein Schicksal nicht ändern kannst, dann ändere deine Einstellung.«

Ich kann Ihnen versichern, es macht Spaß, sich auszumalen, wie Sie das nächste Mal reagieren, wenn Ihnen jemand blöd kommt, Sie ignoriert, belügt oder kränkt. Und wenn Sie alle Möglichkeiten gedanklich durchgespielt haben, dann handeln Sie. Reagieren Sie anders, als Sie bisher reagiert haben. Unterbrechen Sie die »Spielchen«, die andere mit Ihnen treiben.

Wenn eine Frau anfängt, sich um sich selbst zu kümmern, wird sie natürlich einigen Menschen auf die Füße treten. Sie wird Grenzen setzen, öfter Nein sagen, nicht mehr so lieb sein. Und sie wird fordernd werden: »Ich will …« Die Menschen um sie herum werden sagen: »Was ist denn mit der los, früher war die netter.« Das sollte Sie nicht abhalten. Sie kennen vielleicht aus meinem Buch »Lebe wild und unersättlich!« meinen Lieblingsspruch »Everybody's Darling is Everybody's Depp.«

Das ist leicht dahergeschrieben. Ich weiß, wie schwer es fallen kann, dem eigenen Kind zu sagen: »Du musst jetzt auf eigenen Füßen stehen, such dir einen Job!« oder dem Mann: »Ich habe keine Lust, jeden Abend auf dich warten zu müssen. Die Kinder fragen schon, wo wohnt eigentlich Papa?« Oder den Eltern: »Nein, ich komme Weihnachten nicht nach Hause.« Oder dem Freund: »Ich möchte auch mal allein mit meiner Freundin um die Häuser ziehen.« Oder dem Chef/der Chefin: »Ich möchte hier nicht immer die Dödelarbeiten machen. Ich will mich beruflich weiterentwickeln, wie können Sie mir dabei helfen?« Und sogar der besten Freundin: »Nein, ich möchte morgen nicht mit dir in die Stadt gehen, ich brauche einfach mal Zeit für mich selbst.« (Mehr dazu finden Sie in meinen Büchern »Lebe wild und unersättlich!« und »Liebe wild und unersättlich!«).

Warum so viele Frauen (Männer auch) solch offene Worte scheuen, das erklärt sich durch das Eisberg-Modell. Eisberg-Modell? Ein Begriff aus der Psychologie. Sie kennen Eisberge und Sie wissen vielleicht: Sieben Achtel der Eismasse liegt unter Wasser, ist also nicht zu sehen, aber mächtig! So geht es uns manchmal, wenn wir etwas nicht tun, obwohl es eigentlich einfach scheint. Denn unter dem einen Achtel Tatsachen und Fakten liegen sieben Mal so viele Emotionen: Angst, jemanden zu verletzen oder zu enttäuschen; ein starkes Harmoniebedürfnis; Angst vor den Folgen des »Neins«. Oder Verpflichtungen, die wir eingegangen sind, die stärker sind als unser Wunsch, etwas zu verändern, die uns aber nicht bewusst sind.

Schluss mit dem Schaufenster-Leben

Deshalb: Wir sind nicht zu blöd, Grenzen zu setzen – wir fürchten die Folgen. Doch was ist das Ergebnis dieser Furcht? Wir leben ein angepasstes, zurückgenommenes Leben, ich nenne es ein Schaufenster-Leben. Heißt: ein Leben wie im Schaufenster, die Wirkung geht nach außen. Die anderen sollen sagen: was für eine aufmerksame Gattin, ja, so eine nette Mutter und eine gute Hausfrau. Sie backt die tollsten Kuchen zum Schulfest. Und auch noch tüchtig im Job. Und die Freundin kann sie immer um etwas bitten, sie gibt gerne.

Hinter der »Schaufensterscheibe« schlummern oft Wünsche nach anderen Erfahrungen, nach kleinen Lebens-Abenteuern, einem sinnvollen anderen Leben. Frei werden wir in dem Augenblick, in dem wir Ängste, Ärger, Enttäuschung oder Gereiztheit nicht mehr wegstecken, schlucken, sprich wegessen, sondern herauslassen.

Ein Schaufenster-Leben heißt:
Die Wirkung nach außen ist wichtig.

Ich habe in den letzten Jahren etwas Interessantes beobachtet: Dünne, selbstkontrollierte Frauen, die ein Schaufenster-Leben führen, bekommen oft, egal in welchem Alter, scharfe Falten um den Mund. Diese Falten sind ein Ergebnis ständig zusammengebissener Kiefermuskeln. »The German Jaw«, der deutsche Unterkiefer, nennt man dieses Phänomen sogar international in der Medizin. In meinen Seminaren und Vorträgen zeige ich eine Übung gegen diese

Verkrampfung: Ich mache die Yoga-Übung »Der Löwe«: Kopf nach vorn, Mund weit aufreißen, Zunge weit ausstrecken und brüllen wie ein Löwe. Ist immer der Lacher! Aber im Ernst, ich sehe dünnen Frauen inzwischen an, ob sie ein Schaufenster-Leben führen: gewissenhaft, verlässlich, überfordert.

Jetzt das Spannende: Ich habe bisher sehr wenige dicke Frauen mit den Krampffalten um den Mund getroffen. Eigentlich prima. Und es liegt nicht nur an den gut gepolsterten Bäckchen. Auch nicht daran, dass sie alle so wunderbar selbstbestimmt leben. Viele dicke Frauen, die ein Schaufenster-Leben führen, verschließen den Mund nicht, sondern machen genau das Gegenteil – sie öffnen ihn weit: »Kommt her, ihr kleinen Sahneteilchen, tröstet mich!«. Dicke dämpfen Überforderung, Einschränkung, Langeweile, Unzufriedenheit oder Unterfordertsein, also dieses ganze Schaufenster-Leben, eher mit Essen. Und das tut ihnen nicht gut. (Mehr dazu im Kapitel »Laben«.)

Ruhe, Ruhe, Ruhe

Die besten Tipps für den Umgang mit Stress

Solange wir in dieser Welt leben, werden wir Begegnungen mit Stress haben – hohe Arbeitsbelastung, Sorgen um die Kinder, wichtige Prüfungen, Krankheit in der Familie und … Die Frage ist, wie schaffen wir es, kreativ mit Stress umzugehen – und nicht mit Fressattacken zu reagieren?

Anke von Platen, Gesundheitscoach, empfiehlt: Ruhe, Ruhe, Ruhe. Gerade in angespannten Situationen brauchen Sie zwischendurch Zeit für sich selbst, Stille. Mal das Autoradio und den Fernseher auslassen, sich ein schönes Bad gönnen. Bei der Ruhe kann sich der Stoffwechsel von den Stresshormonen erholen.

Und gönnen Sie sich bewusst etwas Gutes: eine Massage zum Beispiel. Eine Fußmassage kann gut den Stress aus dem Kopf ziehen (zum Beispiel eine ayurvedische Fußmassage); die kann jeder auch selbst zu Hause machen, dazu reichen schon Olivenöl und 10 Minuten Zeit für sich.

Egal, ob böse Falten oder böse Pfunde – hier helfen weder Dr. Botox noch Dr. Atkins, hier hilft nur eins: tief tauchen, sich den Eisberg von unten anschauen (wie blau er leuchtet!) Wow, wunderschön, aber gefährlich. Was ist es, was meine Selbstbestimmung einschränkt, meine Lebenslust trübt? Hier ist der Ansatz für ein erfülltes Leben. Handeln statt hungern, Achtsamkeit statt Diät-Dämpfung, Geistesgegenwart statt Geistesabwesenheit. Raus aus dem eisigen Schaufenster.

Handeln statt Hungern

Ballast abwerfen: Sich nicht alles gefallen lassen

»Wem würden Sie gerne mal in den Hintern treten?« Diese – zugegeben – pikante Methode habe ich mal bei einem österreichischen Kollegen im Coaching kennengelernt. Er bat mich, auf einem Blatt Papier aufzuschreiben, auf wen ich richtig sauer sei, sprich, wem ich gern in den Hintern treten würde, wie er sich ausdrückte.

Soll ich Ihnen etwas sagen? Es war total befreiend. Ich habe mindestens zehn Menschen aufgeschrieben und den Grund für meinen Ärger dazu. Da war die Freundin, die mir geliehenes Geld nicht zurückgezahlt hat. Der Freund, der beim Zusammentreffen immer nur von sich erzählt hat und nie nachgefragt hat, wie es mir eigentlich ginge. Meine damalige Putzfrau, die mich jedes Mal, wenn sie gekommen ist, angeschnauzt hat, wie es jetzt wieder in meiner Wohnung aussehen würde. (Ehrlich, ich habe schon manchmal vorgeputzt, damit sie nicht schimpft. Wie blöd war ich?)

In diesem Coaching ist mir klar geworden: Sagt mal, wie redet ihr eigentlich mit mir? Wie geht ihr eigentlich alle

mit mir um?! Bin ich hier eigentlich der Vollidiot? Und indem ich den verborgenen Ärger aufgeschrieben und damit aufgedeckt habe, ist schon ganz viel Last von mir abgefallen.

In den Wochen nach dem Coaching habe ich einiges von dem Ballast weiter abgebaut. Ich habe der Freundin ein Zahlungsziel für das Geld gegeben, das sie zurückzahlen musste. Und sie hat angefangen, ihre Schulden abzustottern. Ich habe dem Freund gesagt, wie mich sein Egoismus ärgert (das hat die Freundschaft übrigens nicht ausgehalten, schade, war wohl keine). Und der größte Gag dieser Übung: In der Woche nach dem Coaching hat die Putzfrau von sich aus gekündigt. Ich war gar nicht in München, als sie meiner Sekretärin den Schlüssel hingeknallt hat. Tja, Bestellungen beim Universum ...

Was lassen Sie sich alles gefallen? Schreiben Sie doch mal für sich eine Liste, wem Sie gern in den Allerwertesten treten möchten. Und überlegen Sie anschließend, wann Sie mit wem reden, was Sie klären werden – mit Terminen! Erinnern Sie sich an die Botschaft, dass Stress dick macht? Ja, dann lassen Sie uns für mehr Leichtigkeit sorgen! Mund auf und weg mit dem Stress.

Viktoria Hammon, Stress-Coach und Kinesiologin aus Kaarst-Büttgen bei Düsseldorf, bietet übergewichtigen Frauen seit Jahren mentales Training an. Sie ist überzeugt, dass Übergewicht ein spirituelles Problem ist – »zu wenig Himmel auf Erden, zu viel Erdenschwere«. Sie beobachtet bei dicken Frauen, dass sie alle anderen nähren – nur sich selbst nicht. »Sie führen ein eingeengtes Leben, obwohl sie auseinandergegangen sind.« Und sie fordert ihre Klientinnen auf: »Was würde in deinem Leben passieren, wenn du deine wahre Gewichtigkeit leben würdest«?

› Nicht mehr in die Ecke drängen lassen

› Präsenz zeigen, nicht verstecken
› Mund aufmachen, ihn nicht stopfen und nicht stopfen lassen.

Die Kinesiologin glaubt daran, dass da ein Schmetterling im Kokon wartet, schlüpfen zu dürfen. »Machen Sie diesem Schmetterling die Welt schmackhaft«, rät sie. »Er hat sich eingesponnen, aus welchem Grund auch immer. Es geht nicht darum, dass Sie abnehmen, sondern dass Sie aus sich herausgehen! Es braucht eine unbegrenzte Beharrlichkeit, sein eigenes Leben leben zu wollen.«

Wir brauchen selbstbewusste, starke Frauen

Noch ein paar Gedanken in diesem Zusammenhang zu Diäten. Was mir gerade klar wird: In meiner Generation (ich bin Jahrgang 1953) haben Frauen immer und immer wieder mal Diäten gemacht. Dazwischen haben sie ihr Leben gelebt und fröhlich »gesündigt«. Bei jüngeren Frauen erkenne ich die »Lebens-Diät«. Sie haben den Kampf um einen tollen Body zur Lebensaufgabe gemacht. Sie leben Diät, sie leben Fitness, sie leben Askese, sie leben einen Hedonismus, den ich für geradezu gefährlich halte. Weil er Menschen von der Gesellschaft abtrennt. Weil er die Wahrnehmung für andere einschränkt. Und damit eine Gesellschaft von innen aushöhlt.

Liebe Leserin, wir kennen uns nach fast 200 Seiten inzwischen gut genug. Deshalb ein ehrliches Wort: Bitte überlegen Sie, was ist wichtiger, fünf Kilo abzunehmen oder im Büro dafür zu sorgen, dass in Ihrem Team die alleinerziehende Halbtagskraft von den Kollegen nicht schikaniert wird? Wie sinnvoll ist es, für ein Abnehmrezept 100 Gramm von irgendwas zu brauchen und dafür durch die halbe Stadt zu fahren, während in Ihrer Nachbarschaft Kinder heranwachsen ohne Bildung, ohne Hauptschulabschluss, ohne Zukunftschancen?

Hallo, Frauen, aufwachen. Ihr zählt Kalorien, während um euch herum die Gesellschaft verarmt. Wir brauchen euch dringend:
- in den Parteien
- in den Gewerkschaften
- in Bürgerinitiativen
- mit eurer Zivilcourage
- in eurem Team
- als Nachbarin
- in Hilfsorganisationen
- als Selbstständige
- im Kinderschutzbund
- im Verein
- mit eurem Mut
- als Freundin
- im Elternbeirat
- mit eurer Kraft
- in der Vorleseinitiative
- im Frauennotruf
- als Tante
- mit eurem Humor
- im Betriebsrat
- in Führungspositionen

Hallo, Mädchen, Frauen, Weiber, Sistas – wir brauchen Frauen, die den Mund aufmachen, wenn es um Ungerechtigkeit, falsche Entwicklungen, Korruption in Wirtschaft und Politik, Korrekturen der von Männern geprägten Endzeit-Wachstums-Wirtschaft geht! Wir brauchen Frauen, die den Sinn des Lebens für sich entdecken? 290 Gramm abgenommen heute?! Hallo? Wir brauchen Frauen, die ihr hochqualifiziertes Hirn für unsere Zukunft nutzen!

Das, liebe Freundin, habe ich mit a-sozial gemeint, wenn es so weit käme, dass Frauen sich nur noch um ihren »ach so fetten« Bauchnabel drehen; wenn sie Zeitungskioske nur dann stürmen, wenn die Zeitschriften mit den neuen Frühjahrsdiäten herauskommen. Wenn sie sich Abend für Abend auf dem Stepper oder dem Spinningrad die Seele aus dem Körper schwitzen.

Wie pervers ist das denn,
› wenn jeder Mensch nur noch um seinen Bauchnabel-Horizont kreist: Ich will kerngesund sterben, dafür arbeite ich 50 Jahre lang konzentriert darauf hin. Und ringsum verödet unsere Kultur?
› wenn Frauen sich zu einer Parallelgesellschaft von Schlankheitsfanatikerinnen, Gesundheitsfreaks und Kilokontrolleurinnen entwickeln.
› Überhaupt, was für ein Hohn, dass ein Teil der Weltbevölkerung freiwillig hungert, weil er zu fett ist – während die andere Hälfte hungert, weil sie nichts zu essen hat.

Wer bitteschön soll diese Gesellschaft der Kochsendungsfans und Fertigsuppentütenaufreißer, der Weggucker und Weghörer, der Unterschichtfernsehmacher und auf Wahlausgänge schielenden Politiker, der Ach-was-für-eine-schlimme-Hungersnot-Bemitleider und Billiger-ist-es-beim-Kik-Käufer retten – wenn nicht die Frauen!

Aber wir haben ja leider damit zu tun, unsere Figur zu trimmen, damit wir wieder in die Jeans von 2003 passen.

Vielleicht habe ich Ihnen gerade ganz persönlich total unrecht getan? Dann tut es mir leid. Sie sind die Frau, die sich für andere einsetzt, die Schriftführerin im Verein ist? Die Frau, die jeden Morgen vor der Schule am Zebrastreifen steht? Die als Betriebsrätin ihre Karriere in den Wind schreiben kann, weil sie sich für andere einsetzt? Die Mutter, die jeden Nachmittag drei andere Kinder mitbetreut, weil die anderen Eltern sich nicht kümmern können/wollen? Die Unternehmerin, die die Behinderteninitiative unterstützt? Dann bin ich sicher, dass Sie meinen Zorn verstehen.

Wenn Sie zu den Engagierten gehören, dann sehen Sie in Ihrer Umgebung mit Sicherheit solche Frauen, die sich in ihre Gewichtsprobleme flüchten. (Ja, und wir sehen Männer, die sich in ihre Arbeit, in ihren Computer, in ihre Garage oder ihren Fußballverein flüchten, das stimmt. Aber die sind in diesem Buch nicht das Thema.) Wir sehen Frauen, die sich von der Welt abschotten: entweder, weil sie sich wegen ihres Gewichts nicht mögen oder signalisieren: Lasst mich in Ruhe, ich mache gerade eine Diät.

Die vier Formen des Glücks

Was macht glücklicher, was glauben Sie: eine Kleidergröße weniger zu tragen oder einem Nachbarskind zu helfen, die Schule ordentlich abzuschließen? Nein, winken Sie jetzt nicht ab. Das ist ausnahmsweise keine rhetorische Frage.

Professor Seligman, den ich schon öfter und gern zitiert habe, hat Studenten gebeten, sich einmal am Tag etwas Gutes zu tun. Und danach, einmal am Tag jemand anderem etwas Gutes zu tun, eine Tasche tragen, etwas teilen, sich Zeit für jemanden nehmen ... Beides erzeugt Glücksgefühle. Und welches Glücksgefühl war nachhaltiger? Na klar, das Erlebnis, anderen Menschen eine Freude gemacht zu haben. Von diesem Glück zehren wir sehr viel länger. Das heißt überhaupt nicht, dass wir jetzt in Sack und Asche gehen sollten, um uns für andere aufzuopfern. Nein, es geht, wie immer, ums rechte Maß.

Seligman, einer der weltbesten Depressions- und Glücksforscher, hat in 30-jähriger wissenschaftlicher Forschung herausgefunden, was Menschen, wie er es sagt, »aufblühen« lässt. Und es ist nicht der Lottogewinn, es ist nicht nur das Sich-gut-gehen-Lassen, sondern es ist ein aktives Leben in einer guten Gemeinschaft, in dem wir unsere Stärken kennen und einsetzen, in dem wir Ziele definieren und erreichen und in dem wir ein gutes Verhältnis zu anderen Menschen aufbauen.

Seligman hat die vier Grundlagen des Wohlfühlens in seinem neuen Buch »Flourish – The New Positive Psychology and the Search for Well-Being« definiert, das im Frühjahr 2011 in den USA auf den Markt kommt:

› positive Emotionen spüren
› Lebenssinn finden
› gutes Verhältnis zu den anderen Menschen haben
› die eigenen Stärken einsetzen, Leistung bringen und Ziele erreichen.

Den ersten Wohlfühl-Punkt, positive Emotionen spüren, habe ich Ihnen schon auf Seite 122 als »Wohlfühl-Glück« beschrieben, mit den kleinen Glücklichmachern: ein Glas Wein, eine Tafel Schokolade, sich etwas Schönes kaufen … Dieses Glück ist wunderbar als Erste Hilfe, hält aber nicht lange vor.

Der zweite Wohlfühl-Punkt: Lebenssinn finden. Wer Sinn in seinem Leben sieht, ist glücklicher als der, der alles infrage stellt. Oder wie Nietzsche gesagt hat: »Wer ein Warum zu leben hat, erträgt fast jedes Wie«! Das heißt, sich aufgehoben fühlen in dieser Welt, sich als Teil eines großen Ganzen fühlen. Dazu gehören Glaube oder Spiritualität.

Der dritte Wohlfühl-Punkt: das gute Verhältnis zu anderen Menschen. Sich als Teil einer Gemeinschaft zu fühlen, macht glücklich. Und das heißt, Beziehungen beglückend gestalten – als Tochter, Schwester, Mutter, Frau, Nachbarin, Freundin, Kollegin, Chefin ... Aber auch der Zufallsbekanntschaft, der Verkäuferin, dem Schaffner, den Sitznachbarn im Kino ... freundlich gegenübertreten.

Der vierte Wohlfühl-Punkt: die eigenen Stärken leben können und Ziele erreichen. Das heißt, zu wissen, was wir gut können und gerne machen, eine entsprechende Arbeit zu finden, Leistung zu bringen und sich über das Erreichte zu freuen.

Fällt Ihnen etwas auf? Da steht nichts von einem perfekten Körper! Ich bin überzeugt davon: Die Gesellschaft hat mehr von einer zupackenden Dicken als von einer verbissen-kontrollierten Dünnen, die ihre ganze Energie gegen sich und ihre Pfunde richtet.

Also, ran an den Speck, äh, ich meine, an Ihre Stärken, an Ihre Wünsche. Probieren Sie aus, was Sie tun können, um mehr Anerkennung, mehr Respekt, mehr Zufriedenheit zu bekommen. Schütteln Sie kleine Ärgernisse ab, widmen Sie sich den Dingen, die es Ihnen wert sind. Weil Sie es sich wert sind! Blühen Sie auf. Bringen Sie Leichtigkeit in Ihr Leben. Dazu im nächsten Kapitel mehr.

Bist du schwanger?

Hab grade einen Salat gegessen.

Leichtigkeit: Das Leben genießen

Leichtigkeit – welches Bild fällt Ihnen ein, wenn Sie sich dieses Wort vorstellen? Wolken, die am blauen Himmel dahinziehen? Seifenblasen, die herrlich schillernd in der Luft schweben? Schmetterlinge, Luftballons? Ich finde es interessant, dass Leichtigkeit fast immer etwas mit Natur und Luft zu tun hat. Ja, getragen werden – das ist Leichtigkeit.

Mir fällt dazu ein herrlicher Sommertag im Garten meiner Großmutter Barth ein. Sie hatte eine Schaukel zwischen dem Apfel- und dem Birnbaum. Und wenn man hoch genug geschaukelt ist, konnte man mit dem Fuß einen Ast erreichen, wenn man noch höher kam, sich eine Frucht grabschen. Ich schätze, die meisten von uns haben als Kind geschaukelt. Und ich hoffe, Sie erinnern sich noch daran, wie es war:

Du setzt dich aufs Schaukelbrett, greifst mit beiden Händen das grobe Seil und gibst dir, wenn du mit den Füßen auf den Boden kommst, ein bisschen Schwung. Dann sorgst du mit dem ganzen Körper dafür, dass du in Bewegung kommst. Wenn du Glück hast, dann schubst dich ein lieber Mensch an.

Erst schaukelst du ein kleines bisschen hin und her. Dann werden die Schwünge langsam immer größer. Du streckst dich beim Aufschwung ganz weit nach hinten, schaust hinauf in den blauen Himmel, schließt die Augen, weil die Sonne dich blendet.

Dann der Rückschwung nach hinten, du beugst dich jetzt ganz nach vorn. Es kribbelt ein bisschen im Magen, weil du dich jetzt schon richtig festhalten musst – und Schwung. Juchzende Freude steigt in dir auf. Du schaukelst dich in den Himmel hinein.

Erinnere dich an den Augenblick, wenn der Schwung der Schaukel nach vorne stoppt und du ein bisschen vom Brett in die Luft gehoben wirst – es ist eine Zehntelsekunde Schwerelosigkeit, es ist Fliegen! Alle Erdenschwere fällt von dir ab – Leichtigkeit pur. Jedenfalls, bis ein Erwachsener kreischt: »Kind, nicht so hoch!«

Puh, mir ist ganz schwindelig. Ja, so soll sich das Leben öfter anfühlen. (Mir fällt ein, ich muss unbedingt für meine Enkelkinder eine Schaukel in den Garten stellen. Aber eine, die auch Erwachsene aushält.)

Wie wird dieses Bild der Schaukel zum Synonym für Leichtigkeit im Leben? Und was können wir uns daran abgucken? Wenn du schaukeln willst, brauchst du (natürlich neben einer Schaukel):

› Platz
› Kraft
› Schwung
› Mut.

Die meisten kleinen Kinder haben all dies und müssen gar nicht darüber nachdenken. Lassen Sie uns anschauen, wie wir das für uns, ach so vernünftigen Erwachsenen übersetzen können:

› Wir brauchen Platz, um uns überhaupt bewegen zu können (das Gegenteil von Enge).
› Wir brauchen Kraft, um uns in Bewegung zu bringen (das Gegenteil von Schwäche).
› Wir brauchen Schwung, um die Bewegung zu vergrößern (das Gegenteil von Starre).
› Wir brauchen Mut, um über Grenzen hinaus zu schwingen (das Gegenteil von Angst).

Und damit haben wir das Geheimnis für Leichtigkeit im Leben entschlüsselt. Wir brauchen nur noch die Umsetzung in unseren Alltag.

Platz schaffen – Raum einnehmen

Frauen können sich so herrlich zurücknehmen: »Sie haben nicht mehr als fünf Minuten« hieß es neulich bei einer Podiumsdiskussion zur ersten Statementrunde. Aber klar doch, Frau kann sich doch am Riemen reißen: 4:30 – und die eine Frau auf dem Podium war fertig. Nach ihr drei Männer. Kurzfassung: Keiner hat sich an die fünf Minuten gehalten – sie wurden auch nicht unterbrochen. Wundert es Sie, dass die Frau in der anschließenden Diskussion auch nicht die Wortführerin war?

Wenn ich etwas in der Männerwelt gelernt habe, dann ist es, Raum einzunehmen (und da ist ein bestimmtes Volumen nicht von Nachteil). Und ich versuche, Frauen beizubringen, sich Raum zu schaffen. Sprich, sich selbst wichtig zu nehmen. Das, was sie denken, und das, was sie sagen. Manchmal ist es anders, als andere Menschen denken. Ja, wunderbar. »When you need help, ask a woman«, zitiert meine Freundin Liz Howard gern ein amerikanisches Sprichwort: Wenn du Hilfe brauchst, frag eine Frau.

Also raus aus den eigenen Selbstzweifeln. Klingt gut, und geht wie? Riskieren Sie, Ihre Meinung zu sagen. Und schauen Sie, wie andere Menschen darauf reagieren. Ich habe mir mein Selbstbewusstsein von außen geholt, das erzähle ich gern und immer wieder. Weil ich glaube, dass es wirklich der beste Weg ist: Ich habe vor 20 Jahren angefangen, Bücher zu schreiben, und bekam plötzlich so wunderbare Rückmeldungen – jeder Brief hat mich ein Stückchen größer gemacht.

Und vor 15 Jahren habe ich angefangen, professionell Reden zu halten, und freue mich noch heute auf die Begegnungen hinterher mit Menschen, die mir bestätigen, ja, genauso denke ich auch. Gut, dass Sie das gesagt haben. Danke für die Anregung. Und ich wachse jedes Mal ein Stückchen (innerlich bin ich schon 2,10 Meter).

Schaffen Sie sich Raum für Ihre Meinung. Es kann sein, dass andere eine andere Meinung haben. Ja, so ist es. Hörbar und sichtbar werden, präsent sein, Haltung zeigen und sich etwas trauen – das sind die ersten Schwünge auf der Schaukel. Die sind manchmal noch nicht ganz einfach, aber sie sind der Anschubser für Leichtigkeit.

Mich hat mal ein Zuhörer nach einem Vortrag angesprochen, es ging – in Kurzform – ums Akzeptieren, wie die Welt ist, und die Möglichkeiten, das Beste daraus zu machen. Also fröhlich anpacken, wie es meine Art ist. Der Mann stellte sich in die Reihe derer, die sich ein Buch signieren ließen. Und als er vor mir stand, sagte er: »Frau Asgodom, Sie machen es sich ja leicht.« Und ich habe ihm strahlend versichert: »Ja, das tue ich. Und ich finde es besser, als es mir schwer zu machen.«

Kraft entwickeln – Muskeln aufbauen

Jetzt schwingen Sie schon ein bisschen auf der Lebensschaukel. Und vielleicht macht es auch schon Spaß. Der Horizont weitet sich, Sie sehen über den Gartenzaun hinüber. Das Kind, das hoch hinaus schaukeln will, braucht Muskeln. Wir Frauen brauchen auch Muskeln, damit sie unseren Körper tragen können (und bei manchen von uns müssen die Muckis ganz schön was tragen!) Und das heißt, egal wie dick Sie sind, egal wie alt Sie sind – bewegen Sie sich.

Niemand kann von Ihnen verlangen, dass Sie Sport machen oder in eine »Muckibude« gehen. Wirklich, das brauchen Sie nur, wenn es Ihnen wirklich Spaß macht. Vielleicht sind Sie Yoga- oder Pilates-Fan, schlagen Sie sich die Zeit dafür frei, genießen Sie diese Zeit ganz für sich, und spüren Sie Ihre Muskeln. Ja, Ihr Mann kann auch mal die Kinder ins Bett bringen. Ja, Sie dürfen an diesem Abend mal früher aus dem Büro gehen. Wenn Sie eine Regelmäßigkeit in Ihr Bewegungsleben bringen, prima.

Aber mal ganz unter uns: Wie wäre es mit Tanzen, Spazierengehen, Wandern, Federballspielen, mit den Kindern Fangen spielen, Schwimmen, Radfahren? Also das, was Sie sowieso gern machen – oder früher gern gemacht haben? Thema Tanzen: Mit dem Liebsten tanzen gehen ist schön. Tanzen in einer Gruppe, »Jazzdance«, »Bauchtanz« oder was immer auf dem Markt ist, ist auch prima. Und wenn Sie in Ihrem Wohnzimmer vor der Stereoanlage herumtanzen – ja, das ist auch Bewegung!

Und vergessen Sie die versteckten Fitnessübungen nicht: Gartenarbeit, Hausarbeit, der Weg zum Einkaufen, die Treppe zur Wohnung – das ist alles Bewegung. Sie kennen ja schon die »Geistesgegenwart«-Professorin Ellen Langer. Sie hat in einer Studie einer Gruppe von Zimmermädchen in einem Hotel erklärt, dass ihre tägliche anstrengende Arbeit, Bettenmachen, Badezimmer putzen oder staubsaugen, wie Fitness-Übungen anzusehen seien. Nach nur vier Wochen hatten diese Frauen durchschnittlich ein Kilo abgenommen und fühlten sich besser, obwohl sie nichts verändert hatten.

Ellen Langer: »Dieses Ergebnis zeigt den direkten Einfluss unseres Verstands auf unseren Körper.« Geistesgegenwärtige Bewegung scheint etwas zu bewirken. Achten Sie die nächsten vier Wochen doch mal auf Ihre Bewegung.

> **Ihre Freundin, die Treppe**
>
> Die Weltgesundheitsorganisation WHO empfiehlt, eine Stunde täglich körperlich aktiv zu sein. Das heißt aber nicht unbedingt, Sport zu machen, sondern mehr Bewegung in den Alltag einzubauen, Treppensteigen, weniger Autofahren, Spazierengehen ...
>
> Und Forscher der Universität Genf haben herausgefunden, dass 12 Wochen Treppensteigen auf dem Weg zur Arbeit den Blutdruck und den Cholesterinwert senkt, Körperfett verbrennt und die Sauerstoffaufnahme im Blut steigert.

Manchmal schaffen wir etwas nicht alleine und brauchen Hilfe. Bitten Sie Ihre Familie oder Freunde, Ihnen zu helfen, sich zu bewegen: »Holt mich zum Spazierengehen ab, ladet mich zu einer einfachen Wanderung ein, lasst uns doch zu Fuß in den Biergarten gehen. Wer geht mit mir schwimmen? Ich würde so gerne mal wieder tanzen, wer kommt mit?«

Wenn Aufrappeln nicht zu Ihren größten Stärken zählt, dann hilft es, jemanden zu bitten, das für Sie zu übernehmen. Wenn Sie es sich leisten können, kann das auch ein »Personal Trainer« sein. Mein Tipp: Suchen Sie sich einen der wenigen körperpositiven, diätablehnenden Fitnesstrainer, der Sie respektiert und Ihnen hilft, sich einfach besser zu bewegen. Es lohnt sich: Man sieht Menschen an, ob sie etwas für ihre Beweglichkeit tun, sie stehen anders, sie gehen anders, und sie haben eine andere Präsenz.

Dass Training auch liebevoll geht, hat mir Katja gezeigt, mein Personal Trainer für ein halbes Jahr (bis ich umgezogen

bin und der Weg zu weit war). Sie war die erste Fitnesstrainerin, die Verständnis dafür hatte, dass ich manchmal keine Lust zum Muskeltraining hatte. »Dir soll es gut gehen«, pflegte sie zu sagen. Und wenn ich sehr gestresst zwischen vielen Reisen war, hat sie mir eine Lavendelmaske auf die Augen gelegt und mich massiert. Seit ich mit Katja gearbeitet habe, gehe ich anders, stehe ich anders und laufe die Treppe in unserem Haus mit ganz anderem Schwung rauf und runter.

Ich habe übrigens vor einiger Zeit mit meinem Mann eine Verabredung getroffen: Wenn einer von uns beiden abends sagt: »Gehen wir noch eine Runde spazieren?«, muss der andere mitgehen. Es gibt so gut wie keine Ausnahme. Warum so rigoros? Wir werden faul hinter unserem Computer, hinter unserem Schreibtisch. Und es ist ja immer alles so wahnsinnig wichtig. Deshalb muss der Impuls von einem von uns beiden vom anderen akzeptiert werden. Es funktioniert wunderbar.

Ein Wort zur Angst, im Schwimmbad im Badeanzug, in Sportkleidung auf einem Fahrrad oder verschwitzt in einer Disco gesehen zu werden: Wie heißt es im traumhaften Lied von den »Ärzten«: »Lass die Leute reden und hör ihnen gar nicht zu ... das haben die immer schon gemacht ... Bleib höflich und sag nichts, das ärgert sie am meisten«.

Wenn Sie die Frage beschäftigt: »Was denken die anderen über mich?«, ist wieder einmal die produktive Vernunft äußerst hilfreich. (Sie wissen noch, einfach hingucken, nicht werten.) Was ist die schlimmste Annahme, was die anderen denken könnten? »So eine fette Kuh!« Was ist die beste Annahme? »So eine nette Frau!« Was ist das wahrscheinlichste, was die anderen denken: »Aha, die hat ein paar Kilo zu viel«. Und? Stimmt!

Wenn also jemand blöde Bemerkungen macht, denken Sie daran: Sie wissen, dass Sie dick sind, deshalb kann man Sie nicht kränken. Und dann können Sie immer noch lächelnd antworten: »Stört Sie was? Gucken Sie einfach woanders hin.« Frechheit fühlt sich manchmal ganz leicht an und kribbelt so schön in meinem Bauch.

Schwung – Begeisterung entwickeln

Jetzt sind wir schon ganz schön in Schwung auf unserer Lebensschaukel. Es geht immer weiter hinauf, mit den Füßen erreichen wir schon den höchsten Ast vom Apfelbaum. Das Gefühl von Leichtigkeit wird immer stärker. Wer will uns stoppen? Wenn wir diesen Schwung verspüren, spüren wir auch unsere Weiblichkeit. Ja, wir sind gerne Frauen, ja, wir zeigen das auch. Ja, wir haben einen Bauch und Hüften und einen schönen Busen.

Wenn wir unseren Körper mögen, wenn wir uns mit ihm versöhnt haben, dann können wir aufrechten Gangs durch die Welt gehen. Leichtigkeit lässt Frauen leuchten. Sie lenkt den Blick auf die Frau, die sie trägt, und sagt: »Schaut mal hier, diese tolle Frau! Ja, guckt ruhig alle. Die leistet etwas in ihrem Leben, sie ist eine wunderbare Freundin, hat immer Zeit für andere. Sie ist kreativ und witzig, sie liest gerne englische Frauenromane und schreibt Briefe. Sie hat eine Selbsthilfegruppe für alleinstehende Mütter und ihre Kinder in ihrem Ort gegründet. Und sie kann super kochen.« (Oder was Ihre Leichtigkeit so über Sie sagen würde.)

Der größte Wahn dicker Frauen ist, dass sie bestimmt nie, nie, einen Mann bekommen werden. Und wenn man Heiratsanzeigen liest, dann könnte man das glauben: »Schlanke feminine Frau«, »schlank, sportlich, anschmiegsam« – in fast jeder Anzeige, die man in Zeitungen findet, kommt das blöde S-Wort vor. Als ich Single war, haben mich solche Anzeigen tief deprimiert. Und wütend gemacht. Und dann habe ich nachgedacht. Mal ehrlich, liebe Frauen, würdet ihr in eine Anzeige reinschreiben: »Dicker Raucher gesucht«?

Einen Zahn würde ich molligen Frauen gern ziehen: dass sie froh sein müssen, wenn sich überhaupt jemand für sie interessiert. Und die sich deshalb mit Männern abgeben, die sie schlecht behandeln. Die andere Seite der Medaille ist, dass Frauen Männer, die dicke Frauen mögen, für pervers halten. Das ist Selbstbestrafung in höchster Vollendung: Wer mich liebt, muss ja krank sein. Merken Sie, wie man bei solchen Gedanken immer schwerer wird?

»Ich muss Begeisterung in die Suche nach dem richtigen Mann für mich stecken«, meint denn auch Petra, selbst eine starke Frau, glücklich verheiratet und eine Top-Managerin, die für dieses Buch ihre langjährigen Marketingkenntnisse genutzt hat, um eine Strategie zu entwickeln, wie Frauen in jeder Kleidergröße einen tollen Mann finden.

Petra: »Die meisten Frauen, die einen Mann möchten, laufen völlig unorientiert herum. Sie brauchen einen guten Marketingplan. Dann ist es völlig egal, ob sie dünn oder dick sind. Es gibt ja auch verschiedene Autotypen, von Mini bis zum großen Porsche, die ihre Käufer finden.«

Sie benutzt für diese Strategie viele Begriffe aus dem Marketing, also wundern Sie sich nicht.

› Die Frau sollte als Erstes ihre Motivationsfaktoren überprüfen: Ist es die richtige Zeit? Bin ich bereit? Wer treibt mich? Bin ich frei? Was signalisiere ich?
› Die Frau sollte dann ihr Potenzial analysieren: Wer bin ich, was macht mich aus, wem gefalle ich? Was ist die Stärke meines Typus? Laden Sie Freunde ein und lassen

Sie sie reflektieren: Was siehst du an mir, was findest du schön, wie findest du meinen Kleidungsstil? Analysieren: Wohin schauen die Männer bei mir? Mund, Busen, Hände, Hintern? Was kann ich positiv herausstreichen?

> Welcher Typ Mann passt zu mir? Es macht keinen Sinn, in ein Geschäftsfeld zu gehen, das aussichtslos ist. Brauche ich einen mit der Sozialisation aus einer Großfamilie, mit einer berufstätigen Mutter? Einen Genießer? Hände weg von Kollegen: »Never touch someone in the company!«, sagen die Amerikaner. Denn dann muss einer raus, meistens die Frau. Suchen Sie sich keinen Mitbewerber, zum Beispiel einen Manager, wenn Sie selbst Managerin sind, lieber jemanden, der beruflich etwas ganz anderes macht als Sie.

> Wenn Sie ein gutes Produkt (Mann) entdeckt haben, analysieren Sie, will ich den? Passt der in mein Lebensschema? Wenn Sie gar nichts Passendes finden, lassen Sie sich beraten: Was ist los, was läuft falsch? Ist mein Schema unbrauchbar? Investieren Sie in ein Coaching im Gegenwert eines guten Hosenanzugs.

> Drei Viertel der Männer gefallen Ihnen nicht – und die stehen auch nicht auf Sie? Ein Viertel reicht, das sind rund zehn Millionen allein in Deutschland. Wenn Sie global denken, sind es Milliarden!

> Denken Sie daran, das Zielprodukt ist da. Es ist schon geboren, ausgebaut, zur Reife gebracht, jetzt müssen Sie es nur noch finden. Und denken Sie daran: Sie brauchen nur einen!

> Vergessen Sie den Quatsch, den Ihnen alte Tanten erzählt haben: »Eine Frau muss sich finden lassen«. Blödsinn, Sie müssen sich bewegen, wir leben im 21. Jahrhundert. Gehen Sie hinaus in die Welt, machen Sie Werbung für sich, zeigen Sie sich, flirten Sie. Wie ver-

marktet man ein Produkt: Markteintritt, Präsentieren, Ausstellen, Klientel treffen. Also buchen Sie Ihren nächsten Urlaub nach der Devise: Wo läuft meine Zielgruppe herum? Wahrscheinlich nicht im Familienhotel.

› Werden Sie zum Verkaufsschlager. Noch mal: Sie sind eine gleichberechtigte, emanzipierte Frau, es ist egal, wer den ersten Schritt macht. Ein Verkaufsschlager, der zu Hause liegt, ist nicht optimal.
› Wenn Sie den Markt zum zweiten Mal betreten, überlegen Sie, was Sie beim ersten Mal vermisst haben. Was bin ich mir wert? Und was mache ich nicht mit? Richten Sie Ihre Suche danach aus.
› Wenn Sie zu Hause noch ein älteres Produkt haben, prüfen Sie zuerst seine Stärken und Schwächen, wofür haben Sie ihn mal geliebt? Manche Produkte sind »End of Service« oder »Out of Life«. Manchmal ist aber auch mit einem Tuning das Produkt zu retten. Denken Sie an »Jägermeister«, vormals ein Alter-Opa-Schnaps, der durch eine Verjüngungskur plötzlich ganz hip wurde.

Ganz schön heftig, meinen Sie? Ja, mal ein ganz anderer Ansatz eines Themas, das vielen dicken Frauen schwer auf der Seele liegt. Warum wir überhaupt viel mehr lachen sollten, davon erzähle ich Ihnen später mehr.

Mut – Grenzen überwinden

Wir schaukeln inzwischen ganz hoch in den Himmel, das Kribbeln im Bauch wird stärker, jetzt braucht es Mut, die Grenzen auszutesten. Bei Kindern ruft meistens ein Erwachsener »Nicht so doll!«. Bei uns erwachsenen Frauen haben wir diese Stimme schon oft selbst im Kopf: »Wer bin ich schon, dass ich den Himmel auf Erden verdiene? Wer wird mir schon eine Chance geben? Ich bin nichts Besonderes. Ich sollte mich bescheiden!«

Stopp! Sofort das Schnippgummi ziehen und loslassen. Autsch. Es gibt so wunderbare Beispiele von dicken Frauen, die ganz hoch hinaus geschwungen sind auf ihrer Lebensschaukel. Irene Sieber zum Beispiel. Als Firmenrepräsentantin eines Weihnachtsshops in Rothenburg ob der Tauber ärgerte sie sich Ende der Achtzigerjahre, dass es keine schönen Kleider für dicke Frauen gab: »Warum wurde ich wie ein Mensch zweiter Klasse behandelt, nur weil ich dick war?« Mit dem VW Käfer ihrer Schwester fuhr sie zu einer Messe nach Paris, von der sie gehört hatte, dass es da große Größen geben würde. Dort schloss sie wichtige Kontakte.

Ich wollte nicht mit dem Leben warten, bis ich dünn bin!

1989 eröffnete Irene Sieber in Rothenburg einen Laden für große Größen, »Boutique Irene«. Und da es damals noch zu wenige schöne Sachen gab – »Ich bin als Christbaumkugel geboren, ich wollte pink und royalblau, nicht grau und schwarz!« –, gründete sie ihr eigenes Label I. S. Sie betrieb zwei Geschäfte in Rothenburg, hatte Kundinnen aus Hamburg und München. Und immer häufiger aus dem Orient, die als Touristinnen nach Rothenburg kamen. 2001 wurde sie vom mittelfränkischen Einzelhandelsverband als »Unternehmerin des Jahres« gekürt.

Damit hätte sie eigentlich zufrieden sein können. Ist doch ein ganz schöner Erfolg, sagten alle. Aber Irene Sieber ist nicht die Frau, die sich mit Routine zufrieden gibt. »Ich hatte am Abend der Preisverleihung die Vision, in Dubai ein Geschäft zu eröffnen.« 2002 machte Irene Sieber den ganz großen Sprung und eröffnete tatsächlich ihre Boutique »Big is Beautiful« in einer Einkaufsmall in Dubai. »Jede zweite Frau in Dubai war klein und dick, aber es gab keinen einzigen Laden für Big Sizes. Als ich den Zuschlag bekam, hatte ich nicht mal nach dem Preis gefragt. Die Miete war horrend und ein Jahr im Voraus zu zahlen. Aber mir war klar, wenn es sein muss, verkaufe ich Haus und Hof, da gehe ich hin.«

Sie hat die Ware aus ihren beiden Geschäften eingepackt, Schneiderinnen haben sich über Weihnachten die Finger wund genäht und am 1. Januar 2002 hat sie ihren Laden in Dubai eröffnet. Nach einer Modenschau im Ritz Carlton rannten ihr die Kundinnen die Türen ein, arabische Prinzen aus den Nachbar-Emiraten kauften Kleider für ihre Mütter. Für Prinzessinnen, die die Kleiderstangen auf einen Schlag leerkauften, wurde schon mal das Geschäft geschlossen.

Aus verschiedenen Gründen war der Laden trotzdem finanziell nicht der große Erfolg, es gab Ärger mit Verkäuferinnen, die Miete stieg ständig, Zusatzabgaben wie Strom und Security fraßen den Gewinn auf. Nach fünf Jahren machte Irene Sieber ihr Geschäft wieder dicht und kam wieder ganz zurück nach Rothenburg. Enttäuscht? Sie schüttelt den Kopf. »A dream came true«, sagt sie. »Ich habe mir meinen Traum erfüllt und es war eine wunderbare Zeit. Als Mollige habe ich mich noch nie im Leben so wohl gefühlt. Madame Irene wurde geliebt und verehrt, weil ich dick bin. Und weil ich das Selbstbewusstsein der dicken Frauen gestärkt habe.«

Jetzt führt sie wieder ein Geschäft für große Größen, »Bella Figura«, in der schönen mittelalterlichen Puppenstuben-Stadt und gibt dicken Frauen gerne Modetipps. »Persönlichkeit und Ausstrahlung werden nicht in Konfektionsgrößen gemessen«, davon ist sie überzeugt. »Dicke Frauen müssen aber noch mehr auf Qualität achten, lieber wenige aber bessere Sachen sollten sie im Schrank haben. Manche Frauen sagen, mein Mann schaut mich eh nicht mehr an. Dann kaufen Sie es für sich, sage ich.«

Die Entwicklungshelferin in Sachen Mode, wie sie sich nennt, hat Frauen an Farben herangeführt – »schwarz macht depressiv«. »Damals sind dicke Frauen in den letzten Trümmern rumgelaufen. Aus der Zeit stammt auch noch das Vorurteil, dick gleich ungepflegt.« Heute sähen Frauen auch mit 40, 50 Jahren wesentlich jünger aus als vor 20 Jahren. Trotzdem gestehen ihr manchmal die Männer ihrer Kundinnen: »Ich liebe doch meine Frau, wie sie ist. Sie soll doch mal aufhören mit dem Diätscheiß, sie schikaniert damit die ganze Familie.«

Sie selbst hatte übrigens nie Probleme mit Männern, erzählt sie. »Ich hatte immer Supermänner, ausgefallene Klassemänner, Dicksein war nie ein Hindernis.« Nur einen hat sie in die Wüste geschickt, der hat gesagt: »Wenn du 20 Kilo weniger hättest, würde ich dich heiraten. Schleich dich, habe ich geantwortet. Aber das war der einzige.«

Irene Sieber hält immer noch nichts von Diäten. In ihrem Geschäft hängt ein Poster »Die allerschönsten Engel tragen nicht Größe 38!« Ihr Motto ist »Ich lebe jetzt! Ich lache gern, habe Power, mag Sahnetorte und bin glücklich beim Essen. Das ist Lebensfreude.«

»Think big« heißt ein amerikanischer Slogan, »Denke groß«. Trau dich was, glaub an dich. »Woher weiß ich, ob ich das kann«, werde ich manchmal von Frauen um die 40 gefragt, die »schon irgendwie Lust« hätten, noch einmal etwas anderes zu machen. »Wenn Sie es ausprobiert haben«, antworte ich gern. Die Zeit zwischen 35 und 45 ist eine tolle Zeit, um sich noch einmal auszuprobieren, etwas Neues anzufangen (oftmals sind die Kinder bereits aus dem Haus). Vielleicht sich selbstständig zu machen? Mit Plan B? (Mehr dazu finden Sie in meinem Selbstständigmach-Ratgeber »Raus aus der Komfortzone«.)

Leichtigkeit entsteht, wenn wir Platz haben, um uns kräftig zu bewegen, wenn wir in Schwung kommen und Mut für neue Erfahrungen haben. Wenn wir uns sicher in der Welt fühlen und getragen werden. Und wenn wir uns und unserem Körper Gutes tun. Was das mit unseren Essgewohnheiten zu tun hat, erfahren Sie im nächsten Kapitel.

Laben: Essen mit Gelassenheit

Ich hoffe, Sie haben den bisherigen Kapiteln entnommen: Essen ist nicht unser Feind. Wir Dicken sind keine Vielfraße und keine Versager. Wir müssen uns deshalb nicht selbst bestrafen und nicht kasteien. Wir sind Menschen, die noch etwas anderes im Kopf haben, als Kalorien und Sit-ups zu zählen. Wir können liebevoller mit uns umgehen, auf unseren Stress achten, aus Trotz herauszukommen und uns Gutes tun. Um es auf den Punkt zu bringen:

Da wir nicht vom Essen dick werden, können wir das Essen auch ganz gelassen genießen.

Stimmt natürlich nur bedingt. Um es zu präzisieren: Vom ganz normalen Essen, den Hauptmahlzeiten, dem Essen, das wir an einem gedeckten Tisch essen, werden wir normalerweise nicht dick. Deshalb ist es vielleicht hilfreich, statt uns das Essen zu vermiesen und mit schlechtem Gewissen zu essen – das Essen zu zelebrieren. Also, fang nicht beim Was an, sondern beim Wie.

Und jetzt kommt das schöne altmodische Wort »Laben« ins Spiel. Nach »Woxicon«, dem Wörterbuch im Internet, bedeutet es: erfrischen, ergötzen, erquicken, genießen, stärken. Klingt doch sehr viel besser als sich ernähren, oder? Laben soll hier bedeuten, essen mit Freude, Zeit und Genuss. Nach dem Motto, essen Sie noch oder laben Sie sich schon? Laben heißt nicht, zu den Hauptmahlzeiten fettfreien Joghurt und Reiswaffeln oder Knäckebrot mit Frischkäse zu essen – essen Sie stattdessen »was Gscheits«, wie der Bayer sagt, oder norddeutsch: etwas Ordentliches.

Übrigens noch mal zum Thema Knäckebrot: Ich habe gar nichts gegen Knäckebrot, ja, ich mag Knäckebrot gerne – ich kann vier, fünf Scheiben hintereinander essen, schön mit Butter und Marmelade. Weil ich eben das Gefühl habe, das ist ja nichts Richtiges, das zählt nicht (wussten Sie, dass Knäckebrot pro 100 Gramm mehr Kalorien hat als richtiges Brot?). Und damit sind wir beim Thema.

»Mindful eating« nennen amerikanische Psychologen den Trend zu mehr Achtsamkeit beim Essen. »Positive eating« nennt es die englische Anti-Diät-Autorin Mimi Spencer.[38] Ein wunderbarer Ansatz, aber wir brauchen ein deutsches Wort, denke ich. Und was liegt näher, (schließlich bin ich Autorin eines Buches über Gelassenheit[39]) dieses geistesgegenwärtige Essen »Gelassen essen« zu nennen. »Gelassen essen«, ja, ich glaube, das trifft es sehr gut.

Beim »Gelassen essen« geht es darum zu merken, *dass* wir essen und *was* wir essen. Es bedeutet, die volle Aufmerksamkeit aufs Essen zu richten, um den Geruch, den Geschmack, die Konsistenz dessen, was wir essen (ich sage nur Camenbert), und unsere genussreichen Gefühle dabei wahrzunehmen. Damit wir Freude und Genuss, Sättigung und Befriedigung durchs Essen erleben. Und nicht mit einem Mangelgefühl aufstehen, was dann sehr bald wieder gestopft werden wollte. Dabei helfen uns meine zwölf Schlüssel zur Gelassenheit:

› Achtsamkeit
› Balance
› Dankbarkeit
› Ehrlichkeit
› Einfachheit
› Geduld
› Großzügigkeit
› Hingabe
› Humor
› Klugheit

› Mut
› Vertrauen.

Ich bin sicher, dass »Gelassen essen« die beste Methode gegen Heißhunger, Trostessen, Essen neben der Arbeit, Fernsehnaschen und Kummerspeck ist. Oder, wie es Xavier Naidoo gerade aus meiner Stereoanlage singt: »Man erntet, was man sät« (es gibt ja keine Zufälle). Noch einmal, damit wir uns richtig verstehen: Sie essen, was Sie mögen. Tue ich auch. Hier gebe ich Ihnen ein paar Anregungen, wie Sie das besser genießen können, was Sie essen.

Achtsamkeit: Bewusst machen, was wir essen

Wollen Sie erleben, was Achtsamkeit beim »Gelassen Essen« ganz praktisch bedeutet? Dazu brauchen Sie einen Dickmanns, halt, darf ich ja nicht sagen, also einen großen Schokokuss oder Schaumkuss (gell, das hätten Sie jetzt nicht erwartet?).

Drei Minuten Kuss-Genuss. Stellen Sie eine Eieruhr auf drei Minuten. Greifen Sie sich einen Schaumkuss. Nehmen Sie sich drei Minuten Zeit, den Schaumkuss zu essen. Drei Minuten ist eine laaaaaange Zeit, geniiiiiiießen Sie sie. Sie haben die Erlaubnis, Sie dürfen diese Leckerei essen, ja, Sie müssen das sogar aus therapeutischen Gründen.

Schauen Sie den Schokokuss von allen Seiten an, riechen Sie daran. Bohren Sie die Zunge in die Schokohülle, hören und spüren Sie, wie die Schokolade knackt. Dann widmen Sie sich der süßen luftigen Schaummasse, fühlen Sie auf der Zunge, wie sie langsam schmilzt. Schauen Sie auf die Uhr; Sie haben drei Minuten! Knabbern Sie am Waffelboden, kauen Sie ganz bewusst …

Wenn Sie Schaumküsse lieben, ist das pure Lust. Wenn nicht – auweia. Nein, dann nehmen Sie einfach eine Rosine oder ein Stück Apfel, Pfirsich oder Vollkornbrot. Wichtig ist, dass Sie die drei Minuten durchhalten und bis dahin nicht den letzten Bissen runtergeschluckt haben.

Ich mache diese Übung als Achtsamkeitsübung in meinen Redner-Seminaren und meine Erfahrung: Nach diesem Drei-Minuten-Kuss haben wir ein Gefühl von dem, was wir tun. Wir wissen einmal, wie lange drei Minuten sein können, und wir spüren, sehen, riechen, schmecken sehr viel intensiver. Ein schöner Nebeneffekt: Nach drei Minuten ist meist die Lust auf mehr gestillt.

Wenn der Kuss-Genuss bei Ihnen das Gegenteil ausgelöst hat: Essen Sie ruhig die nächsten acht Schaumküsse (neun sind in der Packung, wie Kenner wissen) auch noch, aber bitte ebenfalls jeden in jeweils drei Minuten: Bei neun Schokoküssen kommen Sie so auf knapp eine halbe Stunde. (Früher konnte ich fünf in fünf Minuten essen!) Aber hören Sie bitte auf, bevor Ihnen schlecht wird.

Also, es ist unwahrscheinlich, dass Sie ab sofort nur noch meditativ essen. Aber vielleicht denken Sie manchmal daran und wiederholen die 3-Minuten-Übung mit Obst, Brot oder Gemüse. Vielleicht möchten Sie auch mal ausprobieren, den ersten Bissen einer Mahlzeit jeweils zwei Minuten zu zelebrieren. Sehen, hören, riechen, schmecken, fühlen, kauen, schlucken – das ist Essen mit allen Sinnen.

Balance: Das rechte Maß finden

Vielleicht kennen Sie solche Tage: keine Zeit zum Frühstücken, schnell auf dem Weg zur Arbeit, in die Uni oder zum Kindergarten eine Latte to go und ein Hörnchen. Mittags schnell nebenbei was gegessen, dabei gearbeitet, etwas besprochen oder telefoniert. Nachmittags ein Stück Kuchen. Und auf dem Heimweg, weil der Magen so brummt, ein Sandwich. Und zu Hause dann – sooo einen Hunger!

Und wir denken: Ich habe den ganzen Tag nichts gegessen, jetzt gönn ich mir mal was Schönes. Übergewicht hat manchmal mit schlechtem Gedächtnis zu tun, mutmaßt Suzanne Higgs, eine britische Forscherin.[40] Sie hat nämlich herausgefunden, dass Menschen mit schlechtem Gedächtnis mehr essen. Sie erinnern sich einfach nicht daran, was sie so den Tag über zu sich genommen haben.

Was heißt das für gelassenes Essen: Schluss mit dem geistesabwesenden Autopilot-Essen. Multitasking und Essen passen nicht zusammen. Die Ablenkung nimmt uns nicht nur den Genuss (das ist wie beim Sex), sondern auch die körperliche Erinnerung ans Essen. Wenn wir das ändern wollen, dann müssen wir dem Essen mehr Aufmerksamkeit und mehr Raum geben. Oder wie eine Zen-Weisheit heißt:

»Wenn ich stehe, dann stehe ich,
wenn ich gehe, dann gehe ich,
wenn ich sitze, dann sitze ich,
wenn ich esse, dann esse ich,
wenn ich liebe, dann liebe ich ...«

Mindfulness-Experten raten sogar: Essen Sie eine Mahlzeit am Tag ganz in Ruhe, ohne Fernsehen, ohne Radio, ohne zu lesen, ohne zu telefonieren, ohne sich zu unterhalten – genießen Sie einfach die Mahlzeit.

Und was, wenn Sie etwas essen wollen, während Sie lernen, die Steuererklärung machen oder arbeiten? – Dann machen Sie fünf Minuten Pause, essen Sie Ihren Snack mit voller Aufmerksamkeit und arbeiten Sie erst dann weiter.

Ich »lebe« ja ein Drittel des Jahres in Hotels (meistens in wunderbaren Hotels mit guter Küche), und was mir früher furchtbar schwerfiel, ist, der Buffet-Versuchung zu entkommen. Auch da gibt es spannende Untersuchungen, die sagen, dass übergewichtige Menschen sich meist in die Nähe des Buffets setzen, sofort mit einem großen Teller losziehen, ohne vorher das ganze Angebot anzuschauen, und sich den Teller mit allem möglichen voll laden. Beim zweiten Gang zum Buffet sehen sie dann Sachen, die sie noch lieber mögen, und schaufeln noch mal eine große Fuhre rein.

Ich habe mir angewöhnt, erst einmal wie ein Fuchs um die Beute zu spüren, gucken, was mich anlacht und dann zu entscheiden, ob ich Vor-, Haupt- und Nachspeise möchte. Ich greife nur noch nach Sachen, die mich wirklich anlachen. Und die esse ich mit großer Freude. Manchmal ist das Vorspeisenbuffet tausend Mal besser als der ewige Fisch in weißer Soße und gefüllte Poulardenbrust. Und manchmal brauche ich einfach Nudeln.

Sehr hilfreich fand ich auch den Tipp: Erst den Teller halb mit Gemüse oder Salat füllen, dann Fisch oder Fleisch dazu, dann »Sättigungsbeilage«, das sorgt dafür, dass der Körper genug Nährstoffe bekommt. Selbst beim Dessert bin ich inzwischen superkritisch, weil ich weiß, dass die Puddings aus der Tüte meistens ätzend schmecken. Aber frischer Kaiserschmarrn mit Zwetschgenröster, da darf es auch mal eine Extraportion sein.

Dankbarkeit: Schöne Einstimmung

Bei meiner Oma mussten wir vor dem Essen immer beten. »Komm Herr Jesus sei unser Gast ...«, und es endete damit, dass wir uns alle an den Händen gefasst und gerufen haben »Fröhlich sei's beim Mittagessen!« Bei uns zu Hause haben wir uns ebenfalls an den Händen gefasst und »Mahlzeit« gesagt. Eine buddhistische Freundin macht ein paar tiefe Atemzüge und lächelt den Teller an, bevor sie zu essen beginnt. Bei Freunden sagt die Familie vorm Essen: »Piep, piep, piep, wir haben uns alle lieb!« Und mein Mann liebt den Spruch seiner Patentante: »Jeder esse, was er kann, nur nicht seinen Nebenmann.«

Alberne Rituale? Nach neuester Forschung eine Supersache, um Essen wirklich zu genießen. Damit sinkt nämlich die Gefahr, noch schwer in Gedanken Essen einfach in sich hineinzuschaufeln. Diese paar Minuten, dieser kurze Augenblick der Sammlung macht uns bereit, unsere Aufmerksamkeit dem Essen zuzuwenden. Ja, und dankbar dafür zu sein, »was uns bescheret ist«. Mir fällt gerade noch ein Ritual von zu Hause ein: »Essen kommen, Hände waschen nicht vergessen!«

Wenn Sie das Vergnügen haben, mit der Familie zu essen, lässt sich vielleicht der Grundgedanke, nämlich zur Ruhe kommen und geistesgegenwärtig zu essen, irgendwie umsetzen. Wenn Sie alleine essen, ist das »Piep, piep, piep …« vielleicht ein bisschen albern. Was Sie auf jeden Fall tun können, ist, bevor Sie sich zum Essen setzen, vorher recken und strecken, Schultern lockern, Kopf bewegen, Starrheit aus dem Körper bekommen, Geistesgegenwart aktivieren.

Dankbarkeit führt zu Gelassenheit und damit zu langsamerem Essen. Wie wäre es damit: eine Meditation, in der Sie darüber nachdenken, woher das Essen kommt. Stellen Sie sich bei einem Stück Brot vor, wie Weizenfelder im sanften Sommerwind wogen, wie das Feld abgeerntet wird, die Körner in die Scheune gebracht werden, Erntedankfest. Vielleicht können wir so ein Gefühl der Dankbarkeit fürs Essen entwickeln und Wertschätzung. Unser Körper ist es wert, gut genährt zu werden. Ich höre Sie gerade aufstöhnen: »So viel Zeit habe ich nicht.« Lady, wir reden von drei Minuten!

Ehrlichkeit: Sie kennen sich doch

Frauen, die Diät machen, lügen etwa 51 Mal am Tag ihre Familie oder Freunde an, was ihr Essverhalten betrifft, habe ich neulich gelesen. Weil sie sich schämen, weil sie ernst genommen werden wollen, weil sie nicht zugeben wollen, dass sie ein schwacher Mensch sind. Aber auch wir nicht diätenden Dicken sind ja nicht immer ganz aufrichtig. »Eigentlich esse ich gar nicht so viel.« Das hören Sie von anderen Dicken und manchmal hören Sie es vielleicht auch sich sagen. In wachen Momenten wissen Sie: Das ist gelogen. Und es ist logisch: Wenn Ihr Körper mehr verbrennen würde, als er zugeführt bekommt, würde er abnehmen. Ich kann das inzwischen ganz nüchtern sehen – ohne mich deshalb zu verurteilen.

Wenn ich zu Rubens Zeiten gelebt hätte, wäre ich wahrscheinlich sein Lieblingsmodel gewesen. Und Kate Moss? Sie wäre der Pinsel des Meisters gewesen.

DAWN FRENCH, BRITISCHE KOMIKERIN

Wir haben in diesem Buch so viel von Veränderungen gesprochen, sodass Sie auch ruhig mal überlegen können, was können Sie in Ihrem Essverhalten verändern, ohne dass Sie sich etwas verbieten oder versagen. Gibt es Gewohnheiten, die Sie relativ einfach verändern könnten? Bei mir ist es Studentenfutter. Ich liebe Studentenfutter und glaube auch, dass es Nervennahrung ist. Nur auch die beste Nervennahrung ist eher eine Hüfterweiterung, wenn sie in Massen konsumiert wird.

Deshalb habe ich mir angewöhnt: Wenn ich am Computer sitze und schreibe und das Hirn nach Studentenfutter schreit, nehme ich nur noch eine kleine Schale mit an den

Computer. Groß genug, dass ich ein paar Mäulchen voll nehmen kann, klein genug, dass ich nicht ununterbrochen schaufle. Meistens reicht die Portion völlig. Falls es wirklich nicht reicht, kann ich ja nachfüllen (meistens vergesse ich das dann).

Noch ein kleiner Trick: Stellen Sie die Schüssel mit dem Knabberzeug so weit weg, dass Sie sie nicht ständig sehen, und so, dass Sie aufstehen müssen, um eine Handvoll davon zu holen. Stellen Sie stattdessen ein Glas kaltes oder warmes Wasser neben sich. Meine Erfahrung ist, die Hand will irgendwohin und irgendetwas in den Mund hineinschütten. Und greift mangels Knabberzeug zum Wasser. Wasser ist prima. Wir trinken sowieso meist zu wenig.

Übrigens: Viele Versuche mit Popcornessern in Kinos haben gezeigt: Egal, wie groß der Eimer mit dem süßen oder salzigen Popcorn ist, viele Menschen haben die Tendenz, etwas leer zu essen. Also lieber gleich einen kleinen »Eimer« auswählen. Noch mal: Wenn das wirklich nicht reicht, nachfüllen.

Ganz vertrackt ist für mich die schöne Geste von Restaurants, vor dem eigentlichen Essen immer einen Korb voll duftendem Brot mit gesalzener Butter hinzustellen. Ich könnte mich wegschmeißen für frisches Brot mit gesalzener Butter! Was ist passiert: Eigentlich war ich schon satt, bevor mein dreigängiges Menü aufgetragen wurde. Ich habe wirklich geschafft, etwas zu ändern: Da ich auf das Brot nicht verzichten will, bestelle ich einen Gang weniger (da muss man erst einmal draufkommen!). Und stellen Sie sich vor, man wird gar nicht aus dem Restaurant geworfen, wenn man nicht drei bis acht Gänge bestellt. Die Ober gucken vielleicht ein bisschen schräg, aber bringen das Gewünschte.

Kalorien sind die kleinen Männchen, die im Kleiderschrank wohnen und nachts die Kleider enger nähen? Schöner Witz. Es sind eher die kleinen Männchen, die uns dazu bringen, im Gehen, im Stehen, unterwegs, im Auto mal schnell was hinter die Kiemen zu schieben. Blöd ist, dass dies bei den meisten Dicken nicht als »Essen« gespeichert wird. Genauso wenig wie das, wofür man kein Besteck braucht, oder das, was man vom Teller anderer stibitzt hat, oder das, was gar nicht geschmeckt hat oder die Scheibe Schinken oder Käse, die man beim Anrichten mal eben schnell ...

Geneen Roth, die amerikanische Bestsellerautorin, hat ihr Buch so genannt: »Wenn Sie vor dem Kühlschrank essen, stellen Sie sich einen Stuhl hin.« Was meint sie damit? Sie beschreibt, wie es wäre, wenn wir eine Freundin zum Essen einladen würden und wir würden mit ihr so essen, wie wir es alleine manchmal machen. »Also, führ sie an den Kühlschrank, öffne die Tür. Starre hinein. Beginn, mit den Fingern etwas aus den Tupperware-Behältern zu picken. Steck es dir in den Mund ...« Und so geht es immer weiter.

»Jetzt stell dir vor, du würdest dich genauso behandeln wie Menschen, die du liebst. Das heißt, normalerweise würdest du mit ihnen auf einem Stuhl sitzen beim Essen. Und auch wenn ich das Essen vor dem Kühlschrank nicht empfehle, ich empfehle dir, dich wenigstens beim Essen hinzusetzen. Also, wenn du es tust, stell dir wenigstens einen Stuhl davor. Wenn du dich hinsetzt, konzentrierst du dich auf das Essen und kannst es genießen. Und es nimmt dir die Illusion, dass du ja eigentlich gar nichts isst, während du stehst, denn du guckst ja eigentlich nur so rum.«

Einfachheit: Eigene Regeln aufstellen

Es gibt ganz einfache Regeln, die wir fürs gelassene Essen aufstellen können, denn wir sind freie Menschen. Hier ein paar Beispiele, die Sie anregen sollen, Ihre eigenen Regeln zu formulieren:

- Iss nichts, wofür geworben wird! Heißt, benutze möglichst frische Zutaten, lass die Finger von den Nahrungsmitteln aus der Werbung, iss nichts mit Konservierungs-, Farb- und künstlichen Aromastoffen.
- Nicht ohne Frühstück aus dem Haus.
- Hungere nie. Wenn du isst, wenn du Hunger hast, wirst du nicht dicker.
- Das Abendessen ist heilig, wir nehmen uns die Zeit, als Familie alle zusammen zu essen.
- Ich esse nur, was mir schmeckt.
- Einmal am Tag esse ich warm.
- Was wir nicht essen wollen, ist nicht in unserer Wohnung. (Du kannst dein Kind ständig anhalten, sich zusammenzureißen und nicht so viel zu essen. Du kannst aber auch einfach dafür sorgen, dass kein Sahneeis im Tiefkühlschrank steht.)
- Es muss immer frisches Obst im Haus sein.
- Essen im Stehen ist auch Essen.
- Wann immer ich mich beschimpfe »Ach, ich hätte das nicht essen sollen ...« greif ich zum Schnippgummi-Stopp (siehe Seite 164).

Ihnen fallen sicher noch viele hilfreiche Regeln ein. Denken Sie daran, die müssen aus Ihrem innersten Verlangen kommen und zu Ihrem Gemütszustand passen. Wenn Sie das wirklich wollen, also wenn Sie sich nichts verbieten, brauchen Sie auch nicht dagegen zu rebellieren. Wenn alles erlaubt ist, fällt der Trotz weg. Wenn Sie jeden Tag Nudeln essen dürfen, brauchen Sie keine Nudeln »bunkern«. Wenn Sie abends um zehn noch ein Käsebrot essen dürfen, müssen Sie das nicht heimlich tun, sondern können es Bissen für Bissen genießen. Wenn wir Schluss mit Selbstkontrolle machen, kann dies das Ende des Überessens sein.

Geduld: Lässig cool chillen

Wenn Gäste kommen, stellen wir uns manchmal stundenlang in die Küche und kochen die wunderbarsten Sachen. Seien Sie sich selbst eine gute Gastgeberin. Bringen Sie leckeres Essen auf den Tisch, auch wenn Sie allein essen. Das sind Sie sich wert.

Dafür habe ich keine Zeit, ist die gängigste Ausrede, und sie ist meistens falsch. Eines meiner Lieblingsessen sind Pellkartoffeln mit Quark. Kleine Kartoffeln aufstellen, dauert drei Minuten. Während sie kochen, mache ich schnell den Quark: Zwei Sahnequark, etwas Salz und Pfeffer, ein kleiner Bund Petersilie, Schnittlauch und Dill fein gehackt, das dauert fünf Minuten. Bis die Kartoffeln gar sind, kann ich fernsehen *und* telefonieren *und* den Tisch decken *und* mir die Fußnägel lackieren … Dann esse ich, mhm. Also, die Zeitausrede greift nicht. Diese halbe Stunde ist doch nicht zu viel für eine Investition in Freude, Genuss und Gesundheit?

Lebe in Räumen voller Licht, meide schweres Essen, trinke nur wenig Wein. Nutze Massagen, Bäder, Ausdauerübungen, Gymnastik. Bekämpfe Schlaflosigkeit durch sanftes Schaukeln und den Klang fließenden Wassers. Wechsele die Umgebung und mache lange Reisen. Vermeide angstmachende Vorstellungen konsequent. Genieße fröhliche Gespräche, Vergnügen und Musik.
AULUS CORNELIUS CELSUS (ETWA 25 V.CHR. BIS ETWA 50 N.CHR.)

Geduld ist die knackige Kurzform für »Ganz einfach dein unbeschwertes Leben durchziehen«, und dafür brauchen wir Zeit. Nicht nur bei der Vorbereitung, sondern auch beim Essen. Was sind die modernen Vokabeln unbeschwerten Lebens: lässig, cool und chillen. Also seien Sie lässig beim Essen: langsam essen. Seien Sie cool: mampfen Sie nicht (heißt, während Sie kauen schon den nächsten Bissen nachschieben). Chillen Sie hinterher ein bisschen: sprich, lassen Sie es sacken, genießen Sie vielleicht einen Espresso, wie im letzten Urlaub in der Toskana, erinnern Sie sich, unter dem großen Olivenbaum ...

Wir tun und machen den ganzen Tag. Forderungen, Pflichten und eigene Ambitionen hetzen und stressen uns. Unsere Fähigkeit zum Multitasking lässt uns an vieles gleichzeitig denken und manches gleichzeitig tun. Selbst abends und nachts können wir oft nicht entspannen. Essen in Gelassenheit ist die große Chance, ein, zwei oder drei Mal am Tag eine halbe Stunde Urlaub vom stressigen Alltag zu nehmen, zu uns zu kommen, bei uns zu sein und uns Gutes zu tun – das nennt man Laben.

Großzügigkeit: Kosmetik von innen

»Alles, was Sie hier sehen, verdanke ich Spaghetti!« Das soll die wunderschöne Sophia Loren gesagt haben, der Kurvenstar der Sechzigerjahre (auch keine Size Zero). Haben Sie sie vor Kurzem mal im Fernsehen gesehen? Immer noch bildschön mit ausladenden Kurven. Nudeln machen also nicht nur glücklich, sondern schön. Und was hat mir neulich mein Bruder Wolfgang gesagt: »Sahne ist der beste Faltenkiller – inwendig genossen.«

Das ist schon erstaunlich, was Frauen sich alles so auf die Haut schmieren, damit sie jünger und strahlender aussehen. Algenpackungen und Kaviarcreme, Masken mit Avocados oder echten Goldpartikeln ... Alles hochwertig und richtig teuer. Und dann machen sie sich zu Hause zum Essen schnell eine Packung mit einem Fertiggericht auf, auf der mehr Zusatzstoffe aufgedruckt sind als auf ihrer Nachtcreme!

Sie wollen eine schöne Haut? Dann essen Sie gute Sachen mit wenig künstlichen Zusatzstoffen. Sie möchten schöne Haare haben und gute Nägel? Dann verwöhnen Sie Ihren Körper mit frischem Obst und rot-grün-gelbem Gemüse. Ich finde, wir dürfen an vielem sparen, aber nicht an gesundem Essen. Lieber nur einmal in der Woche Fleisch oder Fisch essen, aber dann die beste Qualität, und keine Koteletts für 69 Cent (genug Östrogene haben wir schon in unserer Gesichtsmaske).

Marilyn Wann, die amerikanische Fat-Acceptance-Propagandistin, kämpft ja wirklich für das Recht, dick zu sein. Aber sie betont genauso, dass man gesund essen von schlank werden müssen trennen kann. Sie empfiehlt: »Wash & Chop!« Mehr muss man nicht wissen, meint sie. Keine Kalorien zählen, keine Gramm abwiegen, nicht die neuesten Ernährungsregeln kennen, einfach nur »Wash and Chop«.

Und das bedeutet: einmal am Tag etwas essen, was man waschen und schneiden muss, also Paprika, Gurken, Karotten, Blumenkohl, Zucchini, Tomaten, Äpfel, Birnen, Pflaumen, sprich Gemüse und Obst. Sie empfiehlt, ab und zu ein schönes Ratatouille zu machen und irgendetwas dazu zu kochen, braunen Reis oder Nudeln. »Aber ich will es nicht zu kompliziert machen.«

Und sie ermahnt ihre Leserinnen: »Erinnere dich einfach daran – Kartoffelchips, Donuts, Pommes oder Eiscreme kannst du nicht waschen und hacken, okay? Genauso wenig wie alles, das durch ein Drive-in-Fenster gereicht wird. Das ist auch Essen, Du darfst das *auch* essen. Aber ergänze diese Sachen einmal am Tag mit deiner Wash & Chop-Mahlzeit. Und färbe dein Haar pink. Dann bist du fürs Leben gerüstet.«

Großzügigkeit hilft uns aber auch noch in einer weiteren Hinsicht beim gelassen Essen: Ich habe mir angewöhnt, nur das zu essen, was mir schmeckt, und so viel, wie ich Appetit habe – Luxus. Den Rest »sehen wir als gegessen an«. Nein, »die armen Kinder in Afrika« haben nichts davon, wenn wir den Teller leer essen, auch das schöne Wetter richtet sich nicht danach. Stoppt diesen Quatsch und greift das nächste Mal zu kleineren Portionen.

Und ein letzter Tipp in Sachen Großzügigkeit: Hab immer eine Tafel Schokolade in der Handtasche, und zwar die Sorte, die dir wirklich schmeckt. Das muss nicht die 99 Prozent schwarze von einem abgelegenen karibischen Eiland sein, bei deren Verzehr dir die Gesichtszüge entgleisen. Ich bin sicher, Dünne haben erfunden, dass die »total« lecker ist. (Ich sterbe für Milchschokolade mit Macadamianüssen!)

Nimm dir nach dem Essen ein Stück deiner Lieblingsschokolade und biete anderen ebenfalls ein Stück an, egal, ob in der Kantine, im Restaurant oder Café. Die Blicke der anderen helfen dir glatt bei der Verdauung, manche gucken völlig ungläubig »Die Dicke traut sich …?« Und manche völlig hingerissen, verwirrt, entzückt. Und manchmal lernt man dadurch unglaublich tolle Männer kennen, die Sie nie wieder vergessen werden.

Übrigens empfiehlt Geneen Roth beim Schokoladeessen: »Immer nur ein Stück. Und lutschen, nicht kauen!«

Hingabe: Kochen oder kochen lassen

»Ich kann allem widerstehen, außer der Versuchung«, hat Oscar Wilde gesagt. Ein kluger Mann, der nicht auf die Idee gekommen wäre, sich für irgendetwas zu entschuldigen. Sie essen gern? Herzlichen Glückwunsch. Andere Menschen haben andere Hobbys. Wenn Essen wirklich ein Teil Ihrer Lebensqualität ist, dann sollten Sie auch zu Hause für First Class Menüs sorgen. Wenn Sie einen eigenen Garten haben oder von einem guten Lieferanten mit Bio-Produkten versorgt werden, ist die Grundlage gelegt. Aber auch in vielen Supermärkten werden wir inzwischen mit Qualität versorgt (nein, ich meine nicht das Biogemüse aus Venezuela oder Äthiopien, ich meine regional, saisonal).

Wenn Sie nicht kochen können – das können Sie ändern. Mein Tipp: Lernen Sie kochen! Gehen Sie in einen Kurs (zum Beispiel von den Stadtwerken oder der Volkshochschule oder meinetwegen bei Horst Lichter persönlich). Oder Sie kaufen sich ein Kochbuch und trainieren alleine. Übung macht den Meister (auch beim Backen). Also, wenn Männer das lernen können …

Oder Sie heiraten jemanden, der kochen kann, oder suchen sich zumindest einen kochenden Liebhaber(in?). Oder Sie ziehen in eine WG, wo eine/r gut kochen kann. Oder Sie ermuntern eines Ihrer Kinder, Koch zu werden.

*Backe, backe, Kuchen, der Bäcker wird gerufen,
wer will guten Kuchen backen, der muss haben
sieben Sachen: Eier und Schmalz, Zucker und Salz,
Milch und Mehl, Safran macht den Kuchen gel(b) …*

Oder Sie heuern jemanden an, der gut kochen kann. Wir haben uns einen ganzen Gefrierschrank von einer tollen Köchin mit unseren Lieblingsgerichten vollpacken lassen. Vielleicht würde sich Ihre Mutter oder Schwiegermutter geehrt fühlen, wenn Sie sie um einen solchen Gefallen bitten würden.

Die Mama könnte Ihnen auch Ihre Lieblingsgerichte aus der Kindheit kochen. Die leckeren Eintöpfe, die heute kaum noch jemand kann, oder Wirsinggemüse oder die leckere Spaghettisoße, die in den Sechzigerjahren »Pastaschuta« hieß, oder Königsberger Klopse oder Fleischbrotel oder Hühnerfrikassee ... Mir läuft das Wasser im Mund zusammen. Da lasse ich glatt jede getrüffelte Jakobsmuschel mit geeistem Wasabi-Schaum stehen.

Das Leben ist zu kurz, um schlecht zu essen.

Steak gegen Eis

Brian Wansink von der Cornell University[41] hat in einer Studie herausgefunden, dass Männer sich am liebsten mit Steaks, Nudeln, Pizza oder Burgern etwas Gutes tun, »Comfort Food«, wie es auf Englisch heißt. Frauen können diesen Gerichten wenig abgewinnen, denn für sie sind sie mit Arbeit verbunden. Frauen bevorzugen Kekse, Schokolade und Eiscreme. Eiscreme direkt aus der Packung gegessen macht so gut wie keine Arbeit.)

Humor: Ein ernstes Thema

Lachen können ist für gelassenes Essen so wahnsinnig wichtig, dass ich im nächsten Kapitel ausführlich darauf eingehen werde. Deshalb hier nur mein Ess-Lieblingswitz: Ein Ehepaar sitzt beim Frühstück, beide lesen Zeitung. Plötzlich fällt dem Mann sein Marmeladenbrötchen aufs Hemd. Er schaut an sich herab und sagt: »Ich sehe aus wie ein Schwein.« Seine Frau schaut hoch und sagt nach einer kurzen Pause: »Stimmt, und bekleckert hast du dich auch noch.«

Klugheit: Den Körper erforschen

Sie haben sich die Erlaubnis gegeben, alles zu essen, was Sie mögen. Ein gutes Gefühl und eine Voraussetzung für gelassenes Essen. Und wenn Sie satt sind und der Teller oder Topf ist noch nicht leer? Keine Angst, erstens kann man das meiste einfrieren (siehe oben). Und Sie können später, morgen, jeden Tag, wenn Sie wollen, immer wieder dieses leckere Essen genießen. Denn, glauben Sie mir, es gibt gar keine Geschmackspolizei, die plötzlich an Ihrer Tür klingelt und Sie wegen falschen Essens verhaftet. Sie sind erwachsen und entscheiden ganz allein, womit Sie sich verwöhnen wollen (gilt schließlich auch für andere Spaßbereiche).

Das Wunderbare, wenn Sie aus der Trotzecke herausgekommen sind und das Thema Selbstbestimmung für sich entdeckt haben: Sie können ohne Stress und Druck über Ihr Essverhalten entscheiden. Sie wissen, dass der Körper kein Sack ist, in den oben Essen hineingestopft und unten auf der Waage Kilos rauskommen. Der Mensch ist ein so kompliziertes System mit tausend kleinen Stellschrauben, dass die Holzhackermethode »Da muss man sich halt mal zusammenreißen« nicht funktioniert.

Was hilfreich sein kann: Den Unterschied zwischen emotionalem Hunger und körperlichem Hunger zu erkennen. Wenn Ihr Magen grummelt, überlegen Sie erst: Kann es Hunger sein? Dann überlegen Sie kurz, was war vor einer halben Stunde, vor einer Stunde, vor fünf Stunden los? (Erinnern Sie sich an mein Beispiel mit dem Telefonanruf, über den ich mich geärgert habe, im Kapitel über Stress als Dickmacher?)

Wir sollten uns fragen: Gibt es eine Alternative, das Grummeln zu stoppen? Ein Geheimtipp: Ein Glas warmes Wasser trinken, es beruhigt den Magen. Erst wenn er dann doch vor Hunger grummelt, etwas essen. Alternativen: hin-und-her-laufen oder spazieren gehen (Bewegung macht kreativ); den Menschen ansprechen, der dich so aufgebracht hat. Oder die Lieblingsmusik auflegen. Oder noch besser einen Freund/eine Freundin anrufen. Denn manchmal ist Essen nicht der richtige Tröster.

Stellen Sie sich folgenden Dialog mit Ihrem vollen Teller vor:

»Komm her, ich brauch dich jetzt ganz dringend!«

»Was ist denn, hat dich jemand geärgert oder gekränkt?«

»Mein Chef hat mich heute wahnsinnig geärgert.«

»Du hast ja eine Träne in die Soße tropfen lassen. War es wirklich so schlimm?«

»Ja, der war total gemein!«

»Ich verstehe, aber ich bin nicht die Lösung.«

»Wie bitte?«

»Ich kann dich leider nicht in den Arm nehmen. Sollte das nicht jemand tun?«

Klugheit kann uns im Leben sehr weiterhelfen, auch beim gelassen Essen. Indem wir uns beispielsweise immer besser kennenlernen. Bei vielen Dicken, sagt man, ist das natürliche Hungergefühl gestört. Versuchen Sie doch einmal herauszufinden, woran Sie merken, dass Sie satt sind. Drückt der Magen, spüren Sie ein Völlegefühl, lässt die Esslust nach? Langweilen Sie sich überm Teller? Sind Sie abgelenkt? Machen Sie einen Sport daraus, es immer früher zu merken. Das kann nur hilfreich sein.

Klugheit hilft auch beim Umgang mit Diätversprechen. Vorsicht vor Diätpillen, vor allem die aus dem Internet. Speziell aus Asien kommen wohl hochgefährliche Gesundheitsgranaten. Aber auch für deutsche Pharmafirmen sind Dicke die besten Versuchskaninchen, um Pillen auszuprobieren. Wenn man sieht, wie viele Heilsbringer-Pillen nach kurzer Zeit wieder vom Markt verschwunden sind, weil sie Unheil angerichtet haben …Klugheit kann uns helfen, auch im größten Stress uns nicht selbst durch Fressattacken zu schaden. Grundsätzlich ist im Stress der Stoffwechsel und die Verdauung schwach, der Körper hat im Kampf oder in der Flucht ja was anderes zu tun als zu verdauen. Deshalb rät Anke von Platen, der Gesundheits- und Ernährungscoach, in stressigen Zeiten Leichtverdauliches zu essen. »Dies lässt sich zusammenfassend beschreiben mit warm, soßig, suppig.«

Warm, soßig, suppig – das klingt nach Hühnersuppe für die Seele. Wissen Sie noch, dass viele Mamas ihren Kindern früher, wenn sie krank waren, eine Hühnersuppe gemacht haben? Mamas wussten, was gut ist, wenn es einem schlecht geht. Vielleicht können Sie diese Sitte für sich selbst aufleben lassen.

Mut: Besserwissern den Mund stopfen

Es gibt kluge Erkenntnisse, was unser Körper braucht. Es wird aber auch so viel Oberkluges erzählt: Die einen sagen, bloß keinen Salat abends, der »fault« im Körper. Allein dieses Bild zu erzeugen, finde ich widerlich. Ich glaube, das können nur Gesundheitsfanatiker erfunden haben, die auch gerne Einläufe machen und mit Begeisterung von ihren Erfahrungen erzählen. Und jeder Hinz und Hans erzählt das mit dem Brustton der Überzeugung weiter. Ich frage immer gern: Woher wisst Ihr das?

Andere oberkluge Ratgeber warnen: Nicht nach 18 Uhr essen. Auch hier die Begründung, dass der Körper später nicht mehr verdauen kann und damit jedes gegessene Gramm direkt in die Hüften spritzt. Das sind die gleichen Menschen, die uns zwei Minuten vorher von der Mittelmeerdiät vorgeschwärmt haben: Nur Olivenöl und Gemüse und einen Hauch Feta, die Menschen auf Kreta werden damit uralt.

Wissen Sie, wann die Menschen auf Kreta, Malta und Sizilien, in Andalusien, Marokko und rund ums Mittelmeer essen? Alle nach 18 Uhr! Oft erst um zehn Uhr abends. Ich will nicht behaupten, dass ich es besser weiß. Aber als Journalistin fallen mir solche Widersprüche auf. Auch, dass die meisten Tipps offensichtlich von Freiberuflern stammen müssen, die den ganzen Tag zu Hause sind. Denn: Was ist mit Menschen, die bis 18 oder 19 Uhr arbeiten? Pech gehabt? Wasser trinken? Viel Wasser?

Und ich sage nur Trennkost! Kohlehydrate und Proteine fein säuberlich trennen. Brot ist okay, aber ohne Butter und Wurst oder Käse. Käse ist okay, aber ohne Brot. Gemüse ist gut, aber Vorsicht ... Ich würde den Trennkost-Befürwortern sofort glauben, wenn alle Dünnen so essen würden. Tun sie aber nicht, die meisten Dünnen essen ganz normal, alles durcheinander. Und haben Spaß dabei. Sie merken, Trennkost ist ein Reizwort für mich: Wenn Trennkost die natürliche Art zu essen wäre, wären schon ganze Völkerstämme ausgerottet. Selbst der Asiate taugt nicht als Beispiel, nicht mal der buddhistische, denn der isst auch gerne Reis mit Soße.

Der Mensch hat sich im Laufe der Evolution durch die Kunst des Kochens von Nahrungsmitteln immer weiter entwickelt, also auch das Hirn hat von Haute Cuisine profitiert. Dafür hat Urmutter Lucy gelernt, Breichen zu kochen und Linsensuppe. Wir sollten uns erinnern: Schon immer haben die Menschen gegessen und getrunken. Seit einiger Zeit ernähren sie sich – hoch wissenschaftlich. Fröhlicher sind die Menschen dadurch nicht geworden, schlanker auch nicht. Sollten wir nicht einfach wieder essen und trinken?

Der Unfug der Ernährungswissenschaften zeigt sich an ihrem bekanntesten Ergebnis, den Vitamintabellen. Da steht drin, wie viel wir von jedem Vitamin brauchen. Am meisten brauchen wir Vitamin C – und zwar 100 Milligramm täglich. Ein Milligramm ist ein tausendstel Gramm. Haben Sie im Küchenschrank eine Waage, auf der Sie tausendstel Gramm abwiegen können? Noch spannender ist es bei Vitamin B 12. Davon brauchen Sie täglich 3 Mikrogramm, das sind drei Millionstel Gramm.

Warum gibt es solche Ernährungstabellen? Damit einige Ärzte, Apotheker, Ernährungsberater, Pharmafirmen und viele andere Ihnen und mir Vitaminpillen und andere Nahrungsergänzungsmittel ver- oder vorschreiben können? Also, bevor Sie das nächste Mal aus dem Schlaf hochschrecken: »Habe ich heute meine Dosis B12 eingenommen?« – essen und trinken Sie einfach ausgewogen.

Vertrauen: Auf unser Gefühl verlassen

Was Ihnen gut bekommt und was Ihnen guttut, wissen Sie in der Regel selbst. Doch manchmal gilt der Spruch: Eigentlich bin ich ganz anders, ich komme nur so selten dazu. Wenn wir aus der Verteidigungsecke herausgekommen sind, können wir wieder lernen, uns auf unseren Instinkt zu verlassen. Wir können unseren Vorlieben und Abneigungen wieder vertrauen.

Ich habe beispielsweise erfahren, *warum* ich keine Lust auf Frischkornbrei habe. Mein Körper, sprich meine Verdauung, reagiert negativ auf den Brei, der mir wärmstens empfohlen worden ist. Mir bekommen die geschroteten Körner nicht. Ich bin sicher, dass es gute Gründe hat, wenn wir das eine oder andere nicht mögen. Wenn Sie mehr dazu wissen wollen, empfehle ich noch einmal das grandiose Buch von Gunter Frank »Lizenz zum Essen«, besonders das Kapitel über »natürliche Fressfeinde von Getreide« (er meint uns).

Gelassen essen heißt, auf sich und seinen Körper zu hören beziehungsweise die Kommunikation wieder zu verbessern:
> Gelassen essen hilft Ihnen, Ihrem Körper wertvolle Nährstoffe zu geben und ihn gesund zu erhalten.
> Gelassen essen heißt, auch mal was stehenzulassen.
> Gelassen essen hilft Ihnen, die Geschmacksnerven auf Ihrer Zunge zu erfreuen und den Gaumen zu kitzeln.
> Gelassen essen ist eine Möglichkeit, sich in Ihrem Körper wohlzufühlen.
> Gelassen essen heißt, darauf zu achten, was Sie essen, nicht darauf, was Sie nicht essen.
> Gelassen essen hilft Ihnen, den Moment zu genießen.
> Gelassen essen hilft Ihnen, zur Ruhe zu kommen.
> Gelassen essen hilft Ihnen, sich zu spüren.

Schließen Sie Frieden mit dem Essen. Es ist Ihr Verbündeter und nicht Ihr Feind. Es dient uns zur Freude, nicht zum Stress. Laben Sie sich an guten Dingen. Lassen Sie sich kein schlechtes Gewissen machen und die nächste Diät andrehen.

Und lachen Sie über sich und Ihre heiße Liebe zum Essen.

Lachen: Gehen Sie hinaus und strahlen Sie

Dicksein ist nicht lustig. Stimmt. Aber kennen Sie viele lustige Dünne? (Sorry, lustige Dünne.) Ich gebe natürlich zu, lustig sein, lachen können, eine positive Sicht auf uns und unser Leben zu bekommen, ist unabhängig vom Gewicht. Wobei ich subjektiv sagen würde: Frauen mit ein paar Pfunden zu viel können ganz schön Spaß im Leben haben! Selbstbewusstsein hat damit zu tun, dass wir uns mit unserer Unvollkommenheit versöhnt haben, uns lieben und wertschätzen. Dass wir das Leben lieben und dem Leben erlauben, uns zu lieben.

Es hängt davon ab, ob wir unseren Platz im Leben gefunden haben und behaupten können. Ob wir annehmen können, was ist, und unsere Stärken dafür einsetzen, es noch besser zu machen. Damit es uns nicht mehr geht wie der Frau, die am Flugschalter Gepäck aufgibt. Die Mitarbeiterin, die das Gepäck annimmt, sagt zu ihr: »Sie haben Übergewicht.« Darauf die Frau mit rotem Kopf: »Das weiß ich, aber das geht Sie überhaupt nichts an!« Und deren Gesichtsfarbe ins burgunderfarbene wechselt, als sie das Missverständnis bemerkt. Autsch.

Ich plädiere übrigens sehr dafür, dass jeder Mensch sich wichtig nimmt, nur bitte nicht zu wichtig. Das gilt für Frauen in jeder Kleidergröße. Und wir wären ein gutes Stück weiter, wenn die eine sich der anderen nicht überlegen fühlen würde. Und öfter mal über sich selbst lachen könnte.

Übrigens: Die lustigste Erklärung, warum wir nach einer Diät wieder zunehmen, habe ich im Buch von Marilyn Wann gefunden. Sie hat das Geheimnis gelüftet: »Die verlorenen Pfunde fahren in Urlaub. Sie haben eine super tolle Zeit und schließen Freundschaft mit anderen Pfunden aus Gewichtsabnahmen. Sie reisen eine Weile gemeinsam um die Welt. Dann fahren sie alle wieder nach Hause, dorthin, wo sie zu Hause sind, auf Ihren Hüften und Hintern.«

Die streitbare Amerikanerin ist ein Beispiel für mich, wie man den klaren Blick auf Dicksein und Humor miteinander vereinen kann. Vielleicht können wir etwas davon lernen. Nicht lustig sein, um vergessen zu machen, dass wir fett sind. Sondern zeigen, dass es wichtigere Sachen auf der Welt gibt, als das, was die Waage anzeigt.

Auf Marilyn Wann bin ich übrigens auf Empfehlung von Stephanie von Liebenstein gestoßen, eine wunderbare junge Frau, die in Amerika die Fat-Acceptance-Bewegung kennengelernt und in Deutschland die »Gesellschaft gegen Gewichtsdiskrimierung«[42] gegründet hat. Sie sagt: »Die Dicken müssen aus ihrer Verteidigungsstellung heraus, offensiver werden. Wir sorgen dafür, dass eine Gruppe von Menschen, die bislang glaubten, ihre Figur sei ihr privates Versagen, eine gesellschaftlich wirksame Identität erhält.«

Also, dicke Frauen, ein bisschen dicke Frauen und gerade dünne Frauen: Es geht nicht um privates Versagen, es geht darum, fröhlich und aktiv zu sich und zu Ihrem Körper zu stehen. Manchmal können wir unsern Dicken-Status sogar nutzen, uns haut schließlich so schnell nichts um. Nie werde ich die Gesichter von 500 Unternehmerinnen und Managerinnen vergessen, vor denen ich auf einer Veranstaltung in Österreich sprechen sollte. Sie hatten eine halbe Stunde auf meinen Vortrag warten müssen, weil der ranghöchste Politiker der Stadt mit seinem Grußwort nicht zum Schluss kam, er der schwangeren Moderatorin ständig über den Bauch fuhr und ihr schließlich sogar ein Geschenk für das Baby überreichte, das die Presse-Referentin schnell besorgen musste.

Ich stand hinter der Bühne und war geladen – einmal, weil er mir die Zeit stahl, dann, weil er mir gegenüber vor der Veranstaltung ein paar blöde Sachen gesagt hatte, und drittens, weil er da gerade auf der Bühne erklärte, dass er Frauen doch toll fände, als Schwestern, als Ehefrauen, als Mitarbeiterinnen, aber vor allem als Mütter – und das vor 500 erfolgreichen Geschäftsfrauen. Die waren auch stinkig.

Endlich kam ich dran. Ich trat auf die Bühne, höflicher Applaus, die Stimmung war auf Null. Mein Herz klopfte wie wild, ich war auf Krawall gebürstet. Ich wusste, ich muss diese Spannung in mir und im Saal irgendwie auflösen. Ich trat ganz vorn an den Rand der Bühne, begrüßte die Frauen, öffnete meine Jacke, legte meine Hand auf meinen vorgestreckten Bauch und sagte mit einer Handbewegung zu dem Politiker: »Übrigens, bevor Sie wieder auf kreative Ideen kommen, Herr L. – ich sehe immer so aus.«

Eine Sekunde Stille im Saal – 1002 Augen, die mich entgeistert anstarrten: »Das hat die jetzt nicht gesagt, oder?« Dann ein leises Kichern, Sie wissen schon, so ein Mädchenkichern. Und dieses Kichern breitete sich von Frau zu Frau, von Tisch zu Tisch, aus. Dann schallendes Gelächter, Applaus. Und damit hatte ich die schlechte Stimmung von der Bühne und aus dem Saal gefegt. Der Politiker hat sich übrigens bald darauf entfernt.

Die Gespräche nach dem Vortrag waren phänomenal. Eine Frau kam auf mich zu, umarmte mich und machte mir das seltsamste und berührendste Kompliment, das ich je bekommen habe: »Ich muss Ihnen etwas sagen. Wenn Sie ein Mann wären, würde ich ein Kind von Ihnen wollen.« Ich habe also jetzt eine ganze Menge Fans in diesem Teil Österreichs und ein paar Feinde, denke ich. Da muss frau durch.

Das Leben ist zu kurz für Knäckebrot. Das stimmt. Es geht um Selbstbewusstsein in allen Kleidergrößen. Und es bedeutet: Akzeptieren Sie, dass Sie dick sind und vergessen Sie es sofort wieder. Leben Sie jetzt, warten Sie nicht darauf, dünn zu werden. Denn das alles können Sie auch jetzt bereits: tanzen gehen, schwimmen gehen, ärmellose Kleider tragen, Sport machen, Treppen hochlaufen, beruflich ehrgeizig sein, bunte Sachen tragen, Beine zeigen, fröhlich sein, essen, was schmeckt.

Also, gehen Sie hinaus und strahlen Sie!

DANK

Ich bedanke mich bei meinen vielen Gesprächspartnerinnen, die mir ihre Erfahrungen und ihre Expertise zur Verfügung gestellt haben. Und bei den Menschen, die mich in der Zeit des Schreibens begleitet, immer wieder ermuntert und mir Gutes getan haben.

Besonders danken möchte ich Siegfried Brockert, Katja Sterzenbach, Steffi Denk, Monica Deters, Irene Sieber, Christine Hoffmeister, Bettina Löffler, Margot Weber, Annette Auch-Schwelk, Viktoria Hammon, Anke von Platen, Stephanie von Liebenstein, Barbara Wittmann, Petra Trost-Gürtner, Bilen Asgodom, Monika Jonza, Semhar Asgodom und Johanna Kynast-Klein.

Und besonders bedanke ich mich bei meiner Lektorin Dagmar Olzog, die wundervollste, warmherzigste und lustigste Naturdünne, die ich kenne.

Wenn Sie, liebe Leserin, mehr von mir hören oder sehen wollen:
www.asgodom.de

ANMERKUNGEN

1 Süddeutsche Zeitung, Körperbilder, 24.4.2009
2 Schorb, Friedrich: *Dick, doof und arm? Die große Lüge vom Übergewicht und wer von ihr profitiert*
3 Schmidt-Semisch, Henning/Schorb, Friedrich: *Kreuzzug gegen Fette: Sozialwissenschaftliche Aspekte des gesellschaftlichen Umgangs mit Übergewicht und Adipositas*
4 Frank, Gunter: *Lizenz zum Essen – Stressfrei essen, Gewichtssorgen vergessen*
5 Süddeutsche Zeitung, 25.6.2010
6 Roth, Geneen: *When You Eat at the Refrigerator, Pull Up a Chair: 50 Ways to Feel Thin, Gorgeous and Happy.*
7 Wann, Marilyn: *Fat! So? Because You Don't have to Apologize for Your Size!*
8 Spencer, Mimi: *101 Things to Do Before you Diet*
9 Pollmer, Udo: *Esst endlich normal – Das Anti-Diätbuch*
10 Süddeutsche Zeitung, 25.6.2010
11 Renn, Crystal: *»Hungry: Ich wollte essen. Aber ich wollte auch in der Vogue sein«*
12 Frank, Gunter: *Lizenz zum Essen – Stressfrei essen, Gewichtssorgen vergessen*
13 Süddeutsche Zeitung, 24. April 2009
14 Kluckhohn, Clyde/Murray, Henry: *Personality Formation: The Determinants*

15 Pollmer, Udo: *Esst endlich normal – Das Anti-Diätbuch*
16 Frank, Gunter: *Lizenz zum Essen – Stressfrei essen, Gewichtssorgen vergessen*
17 Seligman, Martin E.: *Der Glücksfaktor*
18 Fawcett Books, New York, 1993
19 Wall Street Journal, S. 27, 14. Juli 2010
20 SWR Fernsehen, Odysso – Wissen entdecken, 7.1.2010
21 Süddeutsche Zeitung, Wissen, 1.Oktober 2009
22 Spiekermann, Uwe in Schmidt-Semisch, Henning/Schorb, Friedrich: *Kreuzzug gegen Fette: Sozialwissenschaftliche Aspekte des gesellschaftlichen Umgangs mit Übergewicht und Adipositas*
23 New York Times, 30. Januar 1917
24 *Connected* Nicholas Christakis (Harvard) und James Fowler (California), lt. FOCUS 43/2009
25 Kölner Stadtanzeiger online, 28.7.2010
26 Zitiert in Frank, Gunter: *Lizenz zum Essen – Stressfrei essen, Gewichtssorgen vergessen*
27 Hebebrand, Johannes: *Irrtum Übergewicht*
28 International Journal of Obesity, 2010
29 Newsweek Web Exclusive vom 6.11.2009
30 Psychologie heute, August 2010
31 Readers Digest, Februar 2010
32 Satir, Virginia: *Meine vielen Gesichter*
33 Platen, Anke von: *Das Strandkorb-Prinzip*
34 Langer, Ellen: *Counterclockwise*
35 Hüther, Gerald/Michels, Inge: *Gehirnforschung für Kinder*
36 Mittelbayerische Zeitung, 22. April 2010
37 Pudel, Volker: *Ratgeber Übergewicht*
38 Spencer, Mimi: *101 Things to Do Before You Diet*
39 Asgodom, Sabine: *Zwölf Schlüssel zur Gelassenheit*
40 Spencer, Mimi: *101 Things to Do Before You Diet*
41 Wansink, Brian: *Mindless Eating: Why We Eat More Than We Think*
42 www.gewichtsdiskriminierung.de

LITERATUR

Asgodom, Sabine: *Lebe wild und unersättlich. 10 Freiheiten für Frauen, die mehr vom Leben wollen.* Kösel, 10. Aufl. 2009

Asgodom, Sabine: *Liebe – wild und unersättlich. Für Frauen, die sich trauen, das Glück zu leben.* Kösel, 2. Aufl. 2008

Asgodom, Sabine: *Zwölf Schlüssel zur Gelassenheit. So stoppen Sie den Stress.* Kösel, 6. Aufl. 2008

Asgodom, Sabine: *Raus aus der Komfortzone, rein in den Erfolg: Das Programm für Ihre persönliche Unabhängigkeit.* Goldmann TB, 2010

Brockert, Siegfried: *Du sollst dich lieben. Das neue Menschenbild der Positiven Psychologie.* C. Bertelsmann, 2002

Bruker, Max Otto.: *Idealgewicht ohne Hungerkur.* emu, 29. Aufl. 2006

Frank, Gunter: *Lizenz zum Essen – Stressfrei essen, Gewichtssorgen vergessen.* Piper, 2009

Hebebrand, Johannes: *Irrtum Übergewicht. Warum Diäten versagen und wir uns trotzdem leicht fühlen können. Fakten gegen den Schlankheitswahn. Strategien für eine gesündere Gesellschaft.* Zabert und Sandmann, 2008

Huth, Dörthe: *Lass los und werde glücklich.* Südwest, 2009

Hüther, Gerald/Michels, Inge: *Gehirnforschung für Kinder. Felix und Feline entdecken das Gehirn.* Kösel, 2. Aufl. 2010

Jeffers, Susan: *Selbstvertrauen gewinnen. Die Angst vor der Angst verlieren.* Kösel, 8. Aufl. 1998

Kluckhohn, Clyde/Murray, Henry: *Personality Formation: The Determi-*

nants. In C. Kluckhohn, H. A. Murray und D. M. Schneider (Eds.), Personality: in nature, society and culture. (Pp. 53–67). New York, 1953, Verlag Alfred E. Knopf.

Knapp, Caroline: *Hunger – Über Magersucht und weibliches Begehren*. Fischer, 2006

Koelbl, Herlinde: *Starke Frauen*. Knesebeck Verlag, 1996

Langer, Ellen: *Counterclockwise. Mindful Health and the Power of Possibility*. Hodder and Stoughton, 2009

Lütz, Manfred: *Lebenslust: Wider die Diät-Sadisten, den Gesundheitswahn und den Fitness-Kult*. Droemer Knaur, 2005

Orbach, Susie/Holfelder-von der Tann, Cornelia: *Bodies: Schlachtfelder der Schönheit*. Arche Verlag, 2010

Orbach, Susie: *Fat is a Feminist Issue*. Arrow Books, NA 2006 (Deutsch: *Das Anti-Diätbuch. Über die Psychologie der Dickleibigkeit, die Ursache von Esssucht*. Frauenoffensive, 20. Auflage 2008)

Pollmer, Udo: *Esst endlich normal! Das Anti-Diät-Buch*. Piper, 2. Aufl. 2008

Pudel, Volker: *Ratgeber Übergewicht: Informationen für Betroffene und Angehörige*. Hogrefe Verlag, 2009

Ray, Sondra: *Schlank durch positives Denken – Die spirituelle Diät*. Kösel, 1996

Renn, Crystal: *Hungry: »Ich wollte essen. Aber ich wollte auch in der Vogue sein«*. Heyne, 2009

Roth, Geneen: *When You Eat at the Refrigerator, Pull Up a Chair: 50 Ways to Feel Thin, Gorgeous and Happy*. Hyperion, 1999

Satir, Virginia: *Meine vielen Gesichter. Wer bin ich wirklich?* Kösel, 7. Aufl. 2010

Schmidt-Semisch, Henning/Schorb, Friedrich: *Kreuzzug gegen Fette: Sozialwissenschaftliche Aspekte des gesellschaftlichen Umgangs mit Übergewicht und Adipositas*. VS Verlag für Sozialwissenschaften, 2008

Schorb, Friedrich: *Dick, doof und arm? Die große Lüge vom Übergewicht und wer von ihr profitiert*. Droemer Knaur, 2009

Seligman, Martin E.P.: *What You Can Change and What You Can't. The Complete Guide to Successful Self-Improvement*. Fawcett Books, 1993

Seligman, Martin E.P.: *Der Glücksfaktor. Warum Optimisten länger leben*. Bastei Lübbe, 7. Aufl. 2010

Spencer, Mimi: *101 Things to Do Before You Diet*. Doubleday/Transworld Publishers, 2009

Von Platen, Anke: *Das Strandkorb-Prinzip*. Books on Demand, 2010

Wann, Marilyn: *Fat! So? Because You Don't Have to Apologize for Your Size!* Ten Speed Press, 1998

Wansink, Brian: *Mindless Eating: Why We Eat More Than We Think*. Bantam Books, 2006

Weill, Pierre: *Sind wir morgen alle dick? 40 Jahre Ernährungslügen, 10 Kilo Übergewicht*. Systemed Verlag, 2009

Wolf, Doris: *Übergewicht und seine seelischen Ursachen. Wie Sie Schuldgefühle überwinden und dauerhaft schlank werden*. Gräfe und Unzer Verlag, 2007

Zu diesem Buch gibt es ein von der Autorin selbst gesprochenes Hörbuch.

Best.-Nr. 978-3-466-45842-4

Die Doppel-CD ist eine wunderbare Gelegenheit, sich von Sabine Asgodom und ihrer kraftvollen Ausstrahlung direkt inspirieren zu lassen.

Psychologie & Lebenshilfe

Sabine Asgodom
bei Kösel

10 Freiheiten für Frauen,
die mehr vom Leben wollen
ISBN 978-3-466-30735-7

Dazu das gleichnamige Hörbuch
Best.-Nr. 978-3-466-45805-9

Für Frauen, die sich trauen,
das Glück zu leben
ISBN 978-3-466-30794-4

Dazu das gleichnamige Hörbuch
Best.-Nr. 978-3-466-45829-5

So stoppen Sie den Stress
ISBN 978-3-466-30657-2

Die 24 Erfolgsgeheimnisse für
Glück, Geld und Gesundheit
ISBN 978-3-466-30721-0

SACHBÜCHER UND RATGEBER
kompetent & lebendig.

www.koesel.de
Kösel-Verlag München, info@koesel.de